녹색가치
소비전환
전략리더
1급 **1**

녹색가치 소비전환 전략리더 1급 **1**

KN541 문명을 설계하는 사람들

1판 1쇄 발행 2026년 4월 30일

저자 정차조

교정 신선미 **편집** 문서아 **마케팅 · 지원** 조아라
펴낸곳 (주)하움출판사 **펴낸이** 문현광

이메일 haum1000@naver.com **홈페이지** haum.kr
블로그 blog.naver.com/haum1000 **인스타그램** @haum1007

ISBN 979-11-7374-405-1(13320)

좋은 책을 만들겠습니다.
하움출판사는 독자 여러분의 의견에 항상 귀 기울이고 있습니다.
파본은 구입처에서 교환해 드립니다.

녹색가치 소비전환

전략리더 1급 1

Global Edition – Leader Training Textbook

KN541 문명을 설계하는 사람들

목차

PART 1

문명 전환의 이해

1장

문명 전환의 법칙

1. 문명 Layer　문명은 단계적으로 진화한다

인류 역사를 보면
문명은 일정한 단계 속에서 발전해 왔다.

대표적으로 다음과 같은 문명 단계가 존재한다.

농업 문명

토지와 공동체가 경제 중심이었다.
사람들은

농업 생산
마을 공동체
지역 경제

속에서 생활했다.

경제 규모는 비교적 작았지만
공동체 결속이 강했다.

산업 문명

18세기 산업혁명 이후

경제 구조는 크게 변화했다.

기계 생산이 등장하면서
대량 생산 경제가 시작되었다.

산업 문명에서는

공장
자본
생산 설비

가 경제의 중심이 되었다.

이 구조는
현대 자본주의 경제의 기반이 되었다.

디지털 문명

인터넷과 네트워크 기술은
또 다른 문명 변화를 만들었다.

디지털 문명에서는

데이터
플랫폼
네트워크

가 중요한 경제 자산이 된다.

이 구조에서는
정보, 흐름, 속도가 경제 경쟁력을 결정한다.

참여 문명의 가능성

디지털 문명이 발전하면서
또 다른 변화가 나타나고 있다.
바로 참여 기반 경제다.

사람들의 참여는

정보 생산

네트워크 확장

시장 형성

에 영향을 미친다.

이러한 변화는
경제 구조가 다시 변화할 수 있음을 보여 준다.

2. 전략 Layer 시스템이 문명을 만든다

문명 변화의 핵심은
단순한 기술 변화가 아니다.

문명 변화의 핵심은
시스템 변화다.

예를 들어

농업 문명 → 토지 시스템

산업 문명 → 공장 시스템

디지털 문명 → 플랫폼 시스템

각 문명은
새로운 시스템을 중심으로 성장했다.

그래서 전략리더는
다음 질문을 해야 한다.

"어떤 시스템이 다음 문명을 만들 것인가?"

시스템 설계의 중요성

경제 시스템은
우연히 만들어지지 않는다.

경제 시스템은
설계된 구조 속에서 작동한다.

예를 들어

금융 시스템

유통 시스템

생산 시스템

이 모든 것은
특정한 설계 구조를 가진다.

그래서 전략리더는
경제를 단순한 시장이 아니라
시스템 구조로 이해해야 한다.

KN541의 의미

KN541 시스템은
이러한 관점에서 등장한다.

KN541은 단순한 사업 모델이 아니다.

KN541은
경제 시스템을 다시 설계하려는 시도다.

이 시스템은

소비 참여

공동체 네트워크

잉여 분배

를 기반으로 한다.

3. 리더 Layer 　전략리더의 질문

전략리더는
경제 구조를 깊이 이해해야 한다.

그래서 다음 질문을 고민해야 한다.

문명 변화는 왜 일어나는가?

시스템 설계는 왜 중요한가?

새로운 경제 질서는 어떻게 등장하는가?

전략리더의 역할

전략리더는
단순한 참여자가 아니다.

전략리더는

시스템을 이해하고

구조를 분석하고

미래 방향을 설계하는 사람이다.

그래서 전략리더는
넓은 관점에서 경제를 바라볼 수 있어야 한다.

핵심 정리

문명은
경제 시스템 변화 속에서 발전한다.

새로운 경제 질서는
새로운 시스템 속에서 등장한다.

전략리더는
이 시스템 변화를 이해하는 사람이다.

2장

소비는 창조 질서의 근본이다

1. 문명 Layer 창조 질서와 경제

인류 문명을 이해하려면
먼저 창조 질서라는 개념을 이해해야 한다.

자연 세계를 보면
모든 것은 순환 구조 속에서 존재한다.

예를 들어
식물은 태양 에너지를 흡수하여 성장하고
동물은 식물을 먹고 살아간다.

이 과정에서
자연은 끊임없이 생산과 소비의 순환 구조를 만든다.

이 순환은
단순한 생태 현상이 아니라
생명의 질서라고 할 수 있다.

이러한 관점에서 보면
소비는 단순한 사용이나 낭비가 아니다.

소비는
생명 순환 속에서
새로운 생산을 가능하게 만드는 출발점이다.

소비와 생산의 관계

산업 문명에서는
경제를 설명할 때
생산이 가장 중요한 요소로 강조되었다.

공장과 기계가 등장하면서
대량 생산이 경제 성장의 핵심이 되었기 때문이다.

그래서 많은 경제 이론은
생산을 중심으로 만들어졌다.

그러나 깊이 생각해 보면
생산은 소비 없이 존재할 수 없다.

누군가 소비하지 않는다면
생산은 의미를 가지지 못한다.

그래서 경제 활동의 근본을 보면
소비가 먼저 존재한다.

사람들의 필요와 욕구가
생산 활동을 만들기 때문이다.

■ 시장은 소비가 만든다

시장이라는 공간도
사실은 소비자의 선택 속에서 형성된다.

예를 들어
어떤 상품이
많은 소비자에게 선택된다면
그 상품은 시장에서 성장하게 된다.

반대로
소비자가 선택하지 않는 상품은
시장에서 사라진다.

이처럼 시장은
기업이 만드는 것이 아니라
소비자의 선택 속에서 형성된다.

그래서 소비는
경제 질서의 중요한 출발점이 된다.

2. 전략 Layer 소비 주권의 의미

현대 경제에서는
소비 주권(Consumer Sovereignty)이라는 개념이 존재한다.

이 개념은
소비자가 시장에서 중요한 권한을 가진다는 의미다.

소비자는

어떤 상품을 선택할지 결정하고
어떤 기업을 지지할지 결정하며
어떤 시장을 성장시킬지 결정한다.

그래서 소비자의 선택은
경제 구조에 영향을 미칠 수 있다.

소비 권력의 잠재력

소비자는
하나의 개인으로 보면
작은 존재처럼 보일 수 있다.

그러나 많은 소비자가
같은 선택을 하게 되면
큰 경제 변화가 일어날 수 있다.

예를 들어
친환경 제품을 선택하는 소비자가 많아지면
기업은 친환경 상품 생산을 확대하게 된다.

또한 특정 기업의 제품을
많은 소비자가 선택하지 않으면
그 기업은 시장에서 어려움을 겪을 수 있다.

이러한 현상은

소비자가 경제 권력을 가질 수 있음을 보여 준다.

왜 소비 권력이 약하게 보이는가

그러나 현실에서는
소비 권력이 항상 강하게 나타나지는 않는다.

그 이유는 다음과 같다.

첫째, 소비자가 분산되어 있기 때문이다.

소비자들은 서로 연결되어 있지 않기 때문에
집단적인 힘을 만들기 어렵다.

둘째, 정보 비대칭이 존재한다.

기업은 상품 정보를 많이 가지고 있지만
소비자는 제한된 정보만 가지고 선택한다.

셋째, 시장 구조의 영향이다.

대기업 중심 구조에서는
소비자의 선택이 제한될 수 있다.

그래서 소비 권력이 존재하더라도
현실에서는 충분히 발휘되지 않는 경우가 많다.

소비 네트워크의 등장

디지털 시대에는
이 상황이 조금씩 바뀌고 있다.

인터넷과 모바일 네트워크를 통해
소비자들이 서로 연결되기 시작했기 때문이다.

사람들은 이제

상품 리뷰를 공유하고
구매 경험을 나누며
공동구매에 참여한다.

이러한 활동은
소비자들을 네트워크 구조로 연결한다.

이 구조 속에서는

소비자의 영향력이 더 커질 수 있다.

KN541 소비 철학

KN541 시스템의 출발점도
바로 이 지점에서 시작된다.

KN541은
소비를 단순한 구매 행동으로 보지 않는다.

KN541은
소비를 '경제 질서를 만드는 행동'으로 본다.

소비가 연결되고
공동체 네트워크가 형성되면
새로운 시장 구조가 만들어질 수 있다.

그래서 KN541 철학에서는

"소비는 창조 질서의 근본이다."

라는 관점을 강조한다.

3. 리더 Layer　전략리더의 질문

전략리더는
소비를 새로운 관점에서 바라볼 수 있어야 한다.

그래서 다음 질문을 고민해야 한다.

소비는 왜 경제 질서를 만드는가?
소비 권력은 어떻게 형성되는가?
소비 네트워크는 어떤 시장을 만들 수 있는가?

이 질문을 통해
경제 구조를 더 깊이 이해할 수 있다.

경제를 바라보는 관점에는
두 가지 방식이 존재한다.

첫 번째는
생산 중심 관점이다.

이 관점에서는
기업과 생산이 경제의 중심이다.

두 번째는
소비 중심 관점이다.

이 관점에서는
소비자의 선택이 시장을 만든다.

전략리더는
이 두 가지 관점을 모두 이해해야 한다.

그러나 미래 경제에서는
소비의 역할이 더 중요해질 가능성이 있다.

■ 전략리더의 통찰

경제 변화를 이해하려면
표면적인 현상보다
근본 구조를 보아야 한다.

소비가 경제 질서의 출발점이라면
소비 구조를 어떻게 설계하느냐에 따라
시장 구조도 변화할 수 있다.

이것이 바로
전략리더가 이해해야 할 핵심 통찰이다.

핵심 정리

소비는 단순한 구매 행동이 아니다.

소비는
시장 형성의 출발점이며
경제 질서를 만드는 중요한 요소다.

KN541 시스템은
이 소비 구조를 공동체 네트워크로 연결하려는 시도다.

1. 문명 Layer 시장은 자연적으로 만들어지는가

많은 사람들은 시장을
자연스럽게 형성되는 공간이라고 생각한다.

예를 들어

사람들이 물건을 사고 팔면
그곳이 시장이 된다고 생각한다.

이러한 관점에서는
시장을 하나의 자연적 현상으로 이해한다.

그러나 경제 역사를 조금 더 깊이 살펴보면
시장은 단순한 자연 현상이 아니라는 사실을 알 수 있다.

시장에는 항상
규칙과 구조가 존재한다.

예를 들어

거래 방식

가격 형성 방식

유통 구조

정보 전달 구조

이 모든 요소가
시장 구조를 만든다.

즉, 시장은
단순히 존재하는 것이 아니라
특정 구조 속에서 작동한다.

시장 규칙의 중요성

시장에는 항상 규칙이 존재한다.

예를 들어

어떤 시장에서는
경매 방식으로 가격이 결정된다.

어떤 시장에서는
고정 가격 방식이 사용된다.

어떤 시장에서는
플랫폼 알고리즘이 가격을 결정한다.

이처럼 시장 규칙이 달라지면
시장 결과 역시 달라질 수 있다.

그래서 시장을 이해하려면
단순히 거래만 보는 것이 아니라
시장 구조와 규칙을 함께 이해해야 한다.

시장과 권력

시장에는 또 하나의 중요한 요소가 존재한다.

바로 권력 구조다.

시장 구조를 설계하는 주체가 있다면
그 주체는 시장 규칙에 영향을 줄 수 있다.

예를 들어
플랫폼 기업이
거래 시스템을 운영한다면
그 플랫폼은

거래 규칙
수수료 구조
노출 순서

등을 결정할 수 있다.

이러한 구조에서는
플랫폼이 시장에 큰 영향을 미칠 수 있다.

그래서 현대 경제에서는

시장과 권력 구조를 함께 이해해야 한다.

2. 전략 Layer 시스템 설계 시장

현대 경제에서는
많은 시장이 시스템 설계 구조 속에서 작동한다.

대표적인 예가
플랫폼 시장이다.

플랫폼 시장에서는
시스템이 다음과 같은 역할을 한다.

거래 연결

가격 구조 형성

정보 흐름 관리

이 모든 것은
시스템 설계에 의해 결정된다.

그래서 플랫폼 경제에서는
시스템 설계 능력이 매우 중요하다.

시스템이 시장을 바꾼 사례

경제 역사에는
시스템 설계가 시장을 바꾼 사례가 많다.

예를 들어

온라인 쇼핑 시스템은

유통 시장을 크게 변화시켰다.

모바일 결제 시스템은

금융 거래 방식을 변화시켰다.

이러한 변화는
단순한 기술 변화가 아니라
시장 구조 변화다.

그래서 전략리더는
경제를 기술이나 기업만이 아니라
시스템 변화로 이해해야 한다.

KN541 시스템 관점

KN541 역시
이러한 관점에서 이해할 수 있다.

KN541은
단순한 사업 모델이 아니라
시장 구조를 새롭게 설계하려는 시도다.

이 시스템은

소비 참여

공동체 네트워크

잉여 분배 구조

를 통해

시장 구조를 변화시키려 한다.

즉, KN541은

경제 시스템 설계 실험이라고 볼 수 있다.

전략적 질문

전략리더는

다음 질문을 고민해야 한다.

시장은 자연적으로 형성되는가?

시장 구조는 누가 설계하는가?

시스템 설계는 경제에 어떤 영향을 미치는가?

이 질문을 통해

경제 구조를 더 깊이 이해할 수 있다.

3. 리더 Layer　전략리더의 시각

전략리더는

경제를 단순한 거래 활동으로 보지 않는다.

전략리더는

경제를 구조와 시스템의 관점에서 바라본다.

이러한 관점에서는

시장 구조

권력 구조

시스템 설계

가 중요한 분석 대상이 된다.

구조를 보는 능력

많은 사람들은
경제 현상만을 관찰한다.

그러나 전략리더는
현상 뒤에 있는 구조를 본다.

예를 들어

상품 가격 변화를 볼 때

단순한 가격 변화가 아니라

시장 구조 변화를 함께 분석한다.

이러한 능력은
경제 변화 속에서 중요한 통찰을 제공한다.

전략리더의 역할

전략리더는
다음 세 가지 역할을 수행할 수 있어야 한다.

① 경제 구조 분석

② 시스템 설계 이해

③ 미래 시장 변화 예측

이 능력은
경제 변화 속에서 중요한 리더십이 된다.

핵심 정리

시장은 단순한 거래 공간이 아니다.

시장은
특정한 규칙과 구조 속에서 작동한다.

현대 경제에서는
시스템 설계가 시장 구조에 큰 영향을 미친다.

전략리더는
경제를 시스템 구조 관점에서 이해해야 한다.

시장 구조의 이해

4장 시장 왜곡의 구조

1. 문명 Layer ｜ 시장은 완벽하지 않다

경제 이론에서는
시장을 효율적인 자원 배분 시스템으로 설명하는 경우가 많다.

수요와 공급이 만나면
가격이 형성되고
자원이 효율적으로 배분된다는 것이다.

이러한 모델을
'완전 경쟁 시장'이라고 부른다.

그러나 현실 경제에서는
이와 같은 완전한 시장이 거의 존재하지 않는다.

실제 시장에는

정보 불균형
독점 구조
광고 영향
권력 집중

과 같은 다양한 요소가 존재한다.

이러한 요소는
시장 구조를 왜곡시킬 수 있다.

그래서 전략리더는
시장 구조를 단순한 이론이 아니라
현실 시스템으로 이해해야 한다.

시장 왜곡의 역사

시장 왜곡은
현대 경제에서 갑자기 등장한 문제가 아니다.

경제 역사 속에서도
시장 구조는 다양한 형태로 왜곡되어 왔다.

예를 들어

중세 시대에는
특정 상인 길드가 시장을 통제하기도 했다.

산업 혁명 이후에는
대형 기업들이 시장 지배력을 가지기도 했다.

현대 경제에서는
플랫폼 기업이

새로운 형태의 시장 권력을 가지기도 한다.

이러한 사례는
시장 구조가 항상 권력과 연결되어 있음을 보여 준다.

시장 정보 문제

시장 왜곡의 중요한 원인 중 하나는
정보 비대칭이다.

정보 비대칭이란
시장 참여자들이 동일한 정보를 가지고 있지 않은 상황을 의미한다.

예를 들어

기업은 상품 정보를 많이 가지고 있지만
소비자는 제한된 정보만 가지고 선택해야 한다.

이러한 상황에서는
소비자의 선택이 왜곡될 가능성이 있다.

그래서 정보 구조는
시장 효율성에 중요한 영향을 미친다.

2. 전략 Layer　광고 경제의 등장

현대 시장에서
가장 큰 영향력을 가지는 요소 중 하나가

바로 광고 시스템이다.

광고는

상품 정보를 전달하고
소비자의 관심을 유도하며
구매 행동에 영향을 준다.

처음에는 광고가
단순한 정보 전달 기능을 수행했다.

그러나 시간이 지나면서
광고 산업은 거대한 경제 영역으로 성장했다.

오늘날 광고 산업은
많은 기업의 중요한 마케팅 전략이 되었다.

주의 경제

디지털 시대에는
또 다른 경제 구조가 등장했다.

바로 주의 경제(Attention Economy)다.

주의 경제에서는
사람들의 관심이 중요한 자원이 된다.

플랫폼 서비스는

사람들의 관심을 오래 유지할수록
더 많은 광고 수익을 얻을 수 있다.

그래서 많은 서비스가

사용자 체류 시간
클릭 수
조회 수

를 중요하게 관리한다.

이러한 구조에서는
사람들의 관심이 경제 가치와 연결된다.

알고리즘과 시장

주의 경제에서는
알고리즘이 중요한 역할을 한다.

알고리즘은
사용자의 행동을 분석하고
특정 콘텐츠를 보여 준다.

예를 들어
영상 플랫폼에서는
사용자가 좋아할 가능성이 높은 영상을 추천한다.

이 구조는

사용자 경험을 개선할 수도 있지만
동시에 정보 편향을 만들 수도 있다.

그래서 알고리즘 구조는
시장 정보 흐름에 영향을 줄 수 있다.

시장 구조의 문제

현대 시장 구조에서는
다음과 같은 문제가 나타날 수 있다.

① 광고 영향 확대
② 정보 편향
③ 플랫폼 권력 집중

이러한 요소는
시장 선택을 왜곡시킬 가능성이 있다.

그래서 전략리더는
시장 구조를 깊이 분석할 필요가 있다.

KN541 문제 인식

KN541 시스템은
이러한 문제 인식 속에서 등장한다.

KN541은
시장 구조가 완전히 자유로운 구조가 아니라

설계된 시스템 구조라는 점에 주목한다.

그리고 다음 질문을 던진다.

소비자는 시장에서 어떤 역할을 하는가?
시장 구조는 어떻게 만들어지는가?
새로운 경제 모델은 가능한가?

이 질문은
KN541 시스템의 출발점이 된다.

3. 리더 Layer 전략리더의 질문

전략리더는
시장 구조를 깊이 이해해야 한다.

그래서 다음 질문을 고민해야 한다.

시장 왜곡은 왜 발생하는가?
광고 시스템은 시장에 어떤 영향을 주는가?
주의 경제는 어떤 사회 변화를 만드는가?

이 질문은
경제 구조를 이해하는 중요한 출발점이 된다.

구조 분석 능력
전략리더는

단순한 현상만을 보는 것이 아니라
구조를 분석하는 능력을 가져야 한다.

예를 들어

상품 판매가 증가하는 현상을 볼 때
단순한 인기 상품이 아니라
마케팅 구조와 시장 시스템을 함께 분석해야 한다.

이러한 분석 능력은
경제 변화 속에서 중요한 통찰을 제공한다.

전략리더의 역할

전략리더는
경제 구조를 이해하고
새로운 가능성을 탐색하는 역할을 한다.

그래서 전략리더는
항상 다음 질문을 던져야 한다.

"이 시장 구조는 어떻게 만들어졌는가?"

이 질문은
경제 시스템을 이해하는 중요한 출발점이 된다.

핵심 정리

현대 시장 구조에는

다양한 왜곡 요소가 존재할 수 있다.

광고 시스템과 주의 경제는
소비자의 선택에 영향을 줄 수 있다.

전략리더는
이러한 시장 구조를 깊이 분석해야 한다.

1. 문명 Layer　소비자는 항상 존재했다

경제 역사에서 소비자는 항상 존재했다.

사람들은

음식을 소비하고

생활용품을 사용하고

서비스를 이용하며 살아왔다.

그래서 소비는
경제 활동의 가장 기본적인 행동이다.

그러나 오랫동안 경제 이론에서는
소비자의 역할이 상대적으로 작게 설명되었다.

경제 발전을 설명할 때

생산 능력

기술 혁신

자본 축적

이러한 요소가 더 강조되었기 때문이다.

이러한 관점에서는
기업과 생산이 경제의 중심이 된다.

소비자의 숨겨진 힘

그러나 시장을 조금 더 깊이 살펴보면
소비자는 매우 중요한 역할을 하고 있다.

기업은 상품을 생산하지만
그 상품의 성공 여부는
소비자의 선택에 의해 결정된다.

소비자가 선택하면
상품은 시장에서 성장한다.

소비자가 선택하지 않으면
상품은 시장에서 사라진다.

이처럼 소비자의 선택은
시장 구조에 직접적인 영향을 준다.

그래서 소비자는
경제 시스템 속에서 숨겨진 힘을 가지고 있다.

소비 권력의 등장

현대 경제에서는

이 소비자의 힘을 설명하는 개념이 등장했다.

바로 소비 권력(Consumer Power)이다.

소비 권력이란
소비자의 선택이
시장 구조에 영향을 미치는 힘을 의미한다.

예를 들어

많은 소비자가
특정 상품을 선택하면
그 상품의 시장은 성장한다.

또한 많은 소비자가
특정 기업 제품을 구매하지 않으면
그 기업은 시장에서 어려움을 겪을 수 있다.

이러한 현상은
소비자가 시장에 영향을 줄 수 있다는 사실을 보여 준다.

2. 전략 Layer　소비 주권의 개념

소비 권력이 존재한다면
다음 단계는 소비 주권(Consumer Sovereignty)이다.

소비 주권이란,

소비자가 시장 선택의 중심이 되는 구조를 의미한다.

이 구조에서는

**소비자의 선택이 시장을 만들고
소비자의 참여가 경제 구조에 영향을 미친다.**

이러한 개념은
경제를 바라보는 관점을 변화시킨다.

경제는 더 이상
기업만이 만드는 구조가 아니라
소비자의 선택 속에서 형성될 수 있다는 것이다.

소비 네트워크

그러나 소비 주권이 현실에서 작동하려면
하나의 중요한 조건이 필요하다.

바로 소비 네트워크다.

개별 소비자는
시장에 큰 영향을 주기 어렵다.

그러나 많은 소비자가
같은 방향으로 선택하면
큰 변화가 나타날 수 있다.

디지털 시대에는
이러한 소비 네트워크가 형성되기 시작했다.

사람들은 온라인에서

상품 정보를 공유하고
리뷰를 작성하며
구매 경험을 나눈다.

이러한 활동은
소비자들을 하나의 네트워크로 연결한다.

네트워크 소비의 힘

네트워크 소비 구조에서는
소비자의 영향력이 더 커질 수 있다.

예를 들어

많은 소비자가
같은 상품을 추천하면
그 상품은 빠르게 시장에서 성장할 수 있다.

또한 소비자들이
공동구매에 참여하면
가격 경쟁력도 만들어질 수 있다.

이러한 구조에서는

소비자 행동이
경제 시스템에 더 큰 영향을 미칠 수 있다.

KN541 소비 주권 전략

KN541 시스템은
이 소비 네트워크 구조에 주목한다.

KN541은
소비를 단순한 구매 행동으로 보지 않는다.

KN541은
소비를 시장 창조 행동으로 본다.

소비자들이 연결되고
네트워크 구조가 형성되면
새로운 시장 구조가 만들어질 수 있다.

그래서 KN541 시스템은
소비 네트워크를 기반으로
경제 시스템을 설계하려 한다.

3. 리더 Layer 전략리더의 질문

전략리더는
소비 구조를 새로운 관점에서 바라봐야 한다.

그래서 다음 질문을 고민해야 한다.

소비 권력은 어떻게 형성되는가?

소비 네트워크는 어떤 경제 구조를 만들 수 있는가?

소비 주권 시대는 가능한가?

이 질문은
경제 구조를 이해하는 중요한 출발점이 된다.

소비 중심 경제

경제를 바라보는 관점에는
두 가지 방식이 존재한다.

생산 중심 경제

: 기업과 생산이 경제의 중심이다.

소비 중심 경제

: 소비자의 선택이 시장을 만든다.

미래 경제에서는
이 두 구조가 함께 작동할 가능성이 있다.

그러나 소비 네트워크가 발전하면
소비자의 영향력은 더 커질 수 있다.

전략리더의 통찰

전략리더는
경제 구조의 근본을 이해해야 한다.

경제 구조의 근본을 보면
생산과 소비는 분리된 개념이 아니다.

소비가 생산을 만들고
생산이 소비를 만든다.

이 순환 구조를 이해할 때
경제 시스템을 더 깊이 이해할 수 있다.

■ 핵심 정리

소비는 단순한 구매 행동이 아니다.

소비는
시장 형성의 중요한 요소다.

디지털 시대에는
소비 네트워크가 등장하면서
소비 권력의 영향력이 커지고 있다.

KN541 시스템은
이 소비 네트워크 구조를 기반으로
새로운 경제 모델을 탐색한다.

KN541
시스템 설계

1. 문명 Layer   생산 중심 문명의 한계

산업 문명은
생산 중심 경제 구조 위에서 성장했다.

공장과 기계가 등장하면서
기업은 대량 생산 능력을 가지게 되었다.

이 구조에서는

생산 → 유통 → 판매 → 소비

라는 흐름이 만들어졌다.

기업은 먼저 상품을 생산하고
그 다음 시장에서 판매하려 한다.

그러나 이 구조에는
근본적인 문제가 존재한다.

바로 수요 불확실성이다.

기업은 생산을 하지만
실제 시장 수요를 정확히 알기 어렵다.

그 결과

과잉 생산
재고 증가
가격 경쟁
광고 확대

와 같은 문제가 발생한다.

이러한 문제는
생산 중심 경제 구조의 한계를 보여 준다.

소비와 생산의 역전

경제의 본질을 다시 생각해 보면
생산은 소비를 위해 존재한다.

사람들의 필요와 욕구가
생산 활동을 만든다.

그래서 경제의 근본 구조는
다음과 같이 설명할 수 있다.

소비 → 생산

그러나 산업 문명에서는
이 순서가 뒤집어졌다.

생산 → 소비

기업이 먼저 생산하고
소비를 만들어 내기 위해
광고와 마케팅을 활용하는 구조가 만들어진 것이다.

이 구조는
경제 효율성을 떨어뜨릴 수 있다.

디지털 시대의 가능성

디지털 시대에는
이 구조를 다시 바꿀 수 있는 가능성이 등장했다.

인터넷과 네트워크 기술은
소비자의 의견과 수요를
빠르게 확인할 수 있게 만들었다.

예를 들어

온라인 설문

공동구매

사전예약

과 같은 방식으로

생산 이전에 수요를 확인할 수 있다.

이러한 변화는
경제 구조를 다시 설계할 수 있는 가능성을 보여 준다.

2. 전략 Layer   소비생산 시스템

소비생산 시스템은
소비를 경제 활동의 출발점으로 두는 구조다.

이 구조에서는

소비 → 수요 형성 → 생산

이라는 흐름이 만들어진다.

이 방식은
기존 생산 중심 경제와 다른 특징을 가진다.

수요 기반 생산

소비생산 시스템의 핵심은
수요 기반 생산(Demand Driven Production)이다.

이 구조에서는
실제 소비자의 수요가 확인된 이후
생산이 이루어진다.

이 방식은
여러 가지 장점을 가진다.

① 재고 감소
② 자원 효율성 증가
③ 시장 안정성 증가

그래서 수요 기반 생산은
새로운 경제 모델에서 중요한 구조가 된다.

참여 시장

소비생산 시스템에서는
소비자의 참여가 중요하다.

소비자는 단순한 구매자가 아니라
시장 형성의 참여자가 된다.

예를 들어, 소비자가

사전예약에 참여하고
공동구매에 참여하고
상품 선택에 참여하면
시장 수요가 형성된다.

이 과정은
참여 시장을 만든다.

KN541 소비생산 구조

KN541 시스템은

이 소비생산 구조를 기반으로 설계된다.

KN541 경제 흐름은

다음과 같이 설명할 수 있다.

소비 참여 → 공동체 네트워크 → 수요 형성 → 생산

이 구조에서는

소비자가 시장 형성의 중심이 된다.

시스템 설계 관점

전략리더는

이 구조를 단순한 경제 모델로 보지 않는다.

전략리더는

이를 시스템 설계 문제로 본다.

즉, 중요한 질문은 이것이다.

"어떻게 하면 소비 구조가 시장을 만들 수 있는가?"

이 질문은

경제 시스템 설계의 출발점이 된다.

전략리더는
다음 질문을 고민해야 한다.

생산 중심 경제는 왜 등장했는가?
소비생산 구조는 어떻게 작동하는가?
수요 기반 시장은 어떤 가능성을 가지는가?

이 질문은
경제 구조를 이해하는 중요한 출발점이 된다.

구조를 보는 눈

전략리더는
표면적인 현상보다
구조를 보는 능력을 가져야 한다.

예를 들어

상품 판매 증가를 볼 때
단순한 인기 현상이 아니라
수요 구조와 시장 구조를 함께 분석해야 한다.

이러한 분석 능력은
경제 시스템을 이해하는 중요한 능력이다.

전략리더는
다음 세 가지 능력을 가져야 한다.

① **경제 구조 이해**
② **시스템 설계 사고**
③ **미래 시장 예측**

이 능력은
경제 변화 속에서 중요한 리더십이 된다.

핵심 정리

산업 문명은
생산 중심 경제 구조를 만들었다.

그러나 디지털 시대에는
소비 중심 경제 구조의 가능성이 등장하고 있다.

소비생산 시스템은
수요 기반 시장을 만들 수 있는 구조다.

KN541 시스템은
이 소비생산 구조를 기반으로 설계된다.

1. 문명 Layer 시장 예측의 어려움

경제 활동에서 가장 어려운 문제 중 하나는
시장 수요를 예측하는 일이다.

기업은 상품을 생산하기 전에
다음과 같은 질문을 해야 한다.

이 상품이 얼마나 팔릴 것인가?
어떤 소비자가 구매할 것인가?
시장 규모는 어느 정도인가?

그러나 실제 시장에서는
이러한 질문에 정확한 답을 얻기 어렵다.

그래서 많은 기업들은
다양한 방식으로 수요를 예측하려 한다.

예를 들어

시장 조사
소비자 설문

데이터 분석

등이 사용된다.

하지만 이러한 방법도
완벽한 예측을 제공하지는 못한다.

생산 중심 경제의 문제

산업 문명에서는
기업이 먼저 생산을 하고
그 다음 시장에서 판매하는 구조가 일반적이었다.

이 구조에서는

생산 → 유통 → 판매 → 소비

라는 흐름이 만들어진다.

그러나 이 구조에는
다음과 같은 문제가 발생할 수 있다.

과잉 생산
재고 증가
가격 경쟁
자원 낭비

이러한 문제는
생산 중심 경제 구조의 한계를 보여 준다.

만약 생산 이전에
실제 시장 수요를 확인할 수 있다면
경제 효율성은 크게 높아질 수 있다.

예를 들어

소비자가 실제로 구매 의사를 보이면
그 이후 생산이 이루어지는 구조라면
시장 위험은 크게 줄어들 수 있다.

이러한 방식은
경제 구조를 더 효율적으로 만들 수 있다.

그래서 일부 경제 모델에서는
수요 확인 시스템을 활용하려 한다.

2. 전략 Layer　사전예약 시장의 개념

사전예약 시장은
생산 이전에 수요를 확인하는 시장 구조다.

이 구조에서는
소비자가 먼저 참여한다.

소비자가 상품에 관심을 보이고
구매 의사를 표시하면

그 이후 생산이 이루어진다.

즉, 시장 흐름이 다음과 같이 바뀐다.

기존 구조
: 생산 → 판매 → 소비

사전예약 구조
: 소비 참여 → 수요 확인 → 생산

이 변화는
시장 구조를 근본적으로 바꿀 수 있다.

생산 리스크 감소

사전예약 시장의 가장 큰 장점은
생산 리스크 감소다.

기업은 실제 수요를 확인한 이후
생산을 진행할 수 있기 때문이다.

이 방식은

재고 감소
자원 낭비 감소
시장 안정성 증가

와 같은 효과를 만들 수 있다.

그래서 사전예약 구조는
수요 기반 경제 모델에서 중요한 역할을 한다.

참여 시장 구조

사전예약 시장에서는
소비자의 역할이 달라진다.

소비자는 단순한 구매자가 아니라
시장 형성의 참여자가 된다.

소비자가

사전예약에 참여하고
상품 선택에 참여하면
시장 수요가 형성된다.

이 구조는
참여 시장(Participatory Market)을 만든다.

KN541 사전예약 시스템

KN541 시스템에서는
사전예약 구조가 핵심 역할을 한다.

KN541 시장 흐름은 다음과 같다.

소비 참여
→ 사전예약

→ **수요 형성**

→ **생산**

이 구조는
소비생산 경제와 연결된다.

즉, 소비자의 참여가
경제 활동의 출발점이 된다.

■ 네트워크 효과

사전예약 시장이 작동하려면
소비 네트워크가 중요하다.

많은 사람들이 연결되어 있을 때
참여는 빠르게 확산될 수 있다.

예를 들어

**어떤 상품이 사전예약에 올라오면
네트워크를 통해 정보가 확산되고
참여가 증가할 수 있다.**

이러한 과정은
시장 형성 속도를 빠르게 만든다.

그래서 사전예약 시장에서는
네트워크 구조가 중요한 역할을 한다.

전략리더는
사전예약 시장 구조를 깊이 이해해야 한다.

그래서 다음 질문을 고민해야 한다.

수요 확인 시장은 왜 중요한가?
생산 중심 경제의 한계는 무엇인가?
참여 시장은 어떤 경제 구조를 만들 수 있는가?

이 질문은
경제 시스템 설계를 이해하는 중요한 출발점이 된다.

시스템 설계 사고

전략리더는
경제 모델을 단순한 사업 아이디어로 보지 않는다.

전략리더는
경제 모델을 시스템 구조로 본다.

그래서 다음 질문을 항상 던져야 한다.

"이 시스템은 어떻게 작동하는가?"

이 질문은
경제 시스템 설계의 핵심 질문이다.

전략리더의 통찰

사전예약 시장 구조는
단순한 판매 방식이 아니다.

이 구조는
경제 흐름 자체를 바꾸는 시스템이다.

생산 중심 구조에서
소비 중심 구조로 이동하는 것이다.

이러한 변화는
경제 질서에 큰 영향을 미칠 수 있다.

핵심 정리

사전예약 시장은
생산 이전에 수요를 확인하는 경제 구조다.

이 구조는

생산 리스크 감소

자원 효율성 증가

참여 시장 형성

을 가능하게 한다.

KN541 시스템에서는
이 사전예약 구조가 핵심 엔진 역할을 한다.

1. 문명 Layer   개인 소비에서 집단 소비로

오랫동안 소비는
개인의 선택으로 이해되어 왔다.

사람들은 각자의 필요에 따라
상품을 구매하고
각자의 방식으로 소비를 한다.

이러한 구조에서는
소비가 개별 행동으로 나타난다.

그러나 경제를 조금 더 넓게 보면
소비는 개인 행동을 넘어
집단 행동이 될 수도 있다.

많은 사람들이
같은 상품을 선택하면
그 상품은 시장에서 성장한다.

반대로 많은 소비자가
특정 상품을 선택하지 않으면

그 상품은 시장에서 사라질 수도 있다.

이러한 현상은
소비가 집단적으로 작용할 때
시장 구조에 큰 영향을 줄 수 있음을 보여 준다.

공동구매의 등장

집단 소비의 대표적인 형태가
바로 공동구매다.

공동구매는
여러 사람이 함께 상품을 구매하는 방식이다.

이 방식은
전통 시장에서도 존재했지만
디지털 시대에 들어서
더 강력한 구조로 발전하고 있다.

인터넷 네트워크를 통해
많은 사람들이 쉽게 연결될 수 있기 때문이다.

그래서 공동구매는
단순한 할인 방식이 아니라
집단 소비 구조라고 할 수 있다.

집단 소비의 힘

집단 소비가 형성되면

시장 구조에 여러 변화가 나타날 수 있다.

예를 들어

많은 소비자가 함께 구매하면
대량 생산이 가능해지고
가격 경쟁력이 높아질 수 있다.

또한 집단 소비는
시장 형성 속도를 빠르게 만들 수 있다.

그래서 집단 소비는
경제 구조에 중요한 영향을 줄 수 있다.

2. 전략 Layer 공동구매의 경제 구조

공동구매 시장에서는
소비 네트워크가 중요한 역할을 한다.

사람들이 서로 연결되어 있을 때
구매 참여가 빠르게 확산될 수 있기 때문이다.

공동구매 경제 흐름은
다음과 같이 설명할 수 있다.

참여
→ 공동구매

→ **시장 형성**

→ **생산 확대**

이 구조에서는
소비자의 참여가
시장 규모를 결정하는 중요한 요소가 된다.

규모의 경제

공동구매 구조에서는
규모의 경제(Economies of Scale)가 작동할 수 있다.

규모의 경제란
생산 규모가 커질수록
단위 비용이 감소하는 현상을 의미한다.

예를 들어

100개의 상품을 생산하는 것보다

1,000개의 상품을 생산할 때

생산 비용 효율성이 높아질 수 있다.

그래서 공동구매 구조는
가격 경쟁력을 높일 수 있는 가능성을 가진다.

네트워크 확장

공동구매 시스템이 작동하려면
소비자 네트워크가 확장되어야 한다.

네트워크가 커질수록

참여자가 증가하고

구매 규모가 커지며

시장 영향력이 확대된다.

그래서 공동구매 구조에서는
네트워크 확장이 매우 중요한 요소가 된다.

KN541 공동구매 전략

KN541 시스템에서는
공동구매 네트워크가 중요한 역할을 한다.

KN541 시장 구조는
다음과 같은 흐름을 가진다.

소비 참여

→ 공동구매 네트워크

→ 수요 확대

→ 생산

이 구조에서는
소비 네트워크가
시장 형성의 중심이 된다.

공동체 소비 구조

KN541 공동구매 시스템의 특징은

단순한 할인 구조가 아니라
공동체 소비 구조라는 점이다.

사람들이 함께 참여하고
함께 소비하면
경제 활동이 공동체 속에서 이루어질 수 있다.

이 구조는
경제 활동을 협력 구조로 발전시킬 가능성을 가진다.

3. 리더 Layer   전략리더의 질문

전략리더는
공동구매 구조를 깊이 이해해야 한다.

그래서 다음 질문을 고민해야 한다.

집단 소비는 시장에 어떤 영향을 미치는가?

네트워크 소비 구조는 어떻게 형성되는가?

공동구매 시스템은 어떤 경제 모델을 만들 수 있는가?

이 질문은
경제 시스템 설계를 이해하는 중요한 출발점이 된다.

시스템 확장 관점

전략리더는
경제 모델을 확장 관점에서 바라봐야 한다.

어떤 시스템이

참여를 확대하고
네트워크를 성장시키며
시장 규모를 확대할 수 있는지

분석해야 한다.

이러한 분석은
경제 시스템의 확장 전략을 이해하는 데 중요하다.

전략리더의 통찰

공동구매 시스템은
단순한 구매 방식이 아니다.

이 구조는
소비 네트워크를 기반으로
시장 규모를 확대하는 전략이다.

이러한 구조가 형성되면
소비자는 단순한 구매자가 아니라
시장 형성의 주체가 된다.

핵심 정리

공동구매는
집단 소비 구조를 만드는 방식이다.

소비 네트워크가 형성되면

공동구매 시스템은

시장 규모를 빠르게 확대할 수 있다.

KN541 시스템에서는

공동구매 네트워크가

시장 확장 엔진 역할을 한다.

1. 문명 Layer   브랜드가 시장을 지배한다

현대 시장을 보면
상품 자체보다 브랜드가 시장을 지배하는 경우가 많다.

같은 기능을 가진 상품이라도
브랜드에 따라 가격이 크게 달라질 수 있다.

예를 들어

같은 품질의 커피라도
브랜드에 따라 가격이 달라진다.

같은 기능의 의류라도
브랜드에 따라 가치가 달라진다.

이러한 현상은
브랜드가 단순한 이름이 아니라
경제적 권력이 될 수 있음을 보여 준다.

브랜드는

신뢰

이미지

경험

을 축적하면서

소비자의 선택에 영향을 준다.

그래서 브랜드는
현대 시장에서 중요한 자산이 된다.

브랜드 경제의 등장

산업 문명이 발전하면서
많은 기업들이 브랜드 전략을 활용하기 시작했다.

브랜드는
상품 차별화를 가능하게 하고
시장 경쟁에서 중요한 역할을 한다.

그래서 많은 기업들은

광고

마케팅

이미지 관리

에 많은 자원을 투자한다.

이 과정에서
브랜드 경제라는 구조가 형성된다.

브랜드 경제에서는
상품 자체보다
브랜드 가치가 더 중요한 역할을 할 수 있다.

유통 권력의 변화

현대 유통 시장에서는
브랜드뿐만 아니라
유통 구조도 중요한 권력을 가진다.

대형 유통 기업은

상품 진열 위치

판매 채널

가격 정책

에 영향을 줄 수 있다.

이러한 구조에서는
유통 채널을 가진 기업이
시장 권력을 가지게 된다.

그래서 브랜드와 유통 구조는
시장 권력 형성에 중요한 역할을 한다.

이러한 시장 구조 속에서
PB(Private Brand)라는 개념이 등장했다.

PB 브랜드는
유통 기업이 직접 기획하고 판매하는 브랜드다.

예를 들어

대형 유통 기업이
자체 브랜드 상품을 만들어 판매하는 경우가 있다.

PB 브랜드는
기존 브랜드와 다른 특징을 가진다.

① **가격 경쟁력**
② **유통 구조 단순화**
③ **브랜드 통제 가능**

그래서 PB 전략은
유통 기업에게 중요한 전략이 된다.

생활 상품 시장

경제 구조를 분석할 때
생활 상품 시장은 매우 중요한 영역이다.

생활 상품은

과 같이
사람들이 일상에서 반복적으로 사용하는 상품이다.

이 시장은

규모가 크고

수요가 안정적이며

지속적인 소비가 이루어진다.

그래서 생활 상품 시장은
경제 시스템 설계에서 중요한 역할을 할 수 있다.

PB 전환 전략

KN541 시스템에서는
생활 상품 시장을 기반으로
PB 전환 전략을 활용한다.

PB 전환 전략의 핵심은
다음과 같다.

소비 참여
→ 상품 선택
→ PB 전환

→ **공동체 소비**

이 구조에서는
소비자가 브랜드 형성 과정에 참여할 수 있다.

공동체 브랜드

KN541 PB 전략의 특징은
단순한 유통 브랜드가 아니라
공동체 브랜드라는 점이다.

공동체 브랜드는

소비 참여

공동체 네트워크

공동체 신뢰

를 기반으로 성장할 수 있다.

이 구조에서는
브랜드가 단순한 기업 자산이 아니라
공동체 경제 자산이 될 수 있다.

유통 질서 변화

PB 전환 전략이 확장되면
유통 구조에도 변화가 나타날 수 있다.

예를 들어

공동체 소비 네트워크 형성
PB 상품 시장 확대
새로운 유통 구조 등장

이러한 변화는
기존 유통 질서에 영향을 줄 수 있다.

그래서 PB 전략은
단순한 상품 전략이 아니라
유통 질서 전략이기도 하다.

3. 리더 Layer   전략리더의 질문

전략리더는
브랜드 구조를 깊이 이해해야 한다.

그래서 다음 질문을 고민해야 한다.

브랜드 권력은 어떻게 형성되는가?
PB 전략은 시장 구조에 어떤 영향을 미치는가?
공동체 브랜드는 가능한가?

이 질문은
경제 시스템 설계를 이해하는 중요한 출발점이 된다.

브랜드와 시스템

전략리더는

브랜드를 단순한 마케팅 요소로 보지 않는다.

브랜드는
경제 시스템 속에서
시장 권력 구조와 연결되어 있기 때문이다.

그래서 브랜드 전략을 이해하려면
유통 구조와 시장 구조를 함께 분석해야 한다.

전략리더의 통찰

PB 전환 전략은
단순한 상품 전략이 아니다.

이 전략은
유통 질서를 변화시킬 수 있는 구조를 가진다.

소비 네트워크와 PB 브랜드가 연결되면
새로운 시장 구조가 형성될 수 있다.

핵심 정리

브랜드는 현대 시장에서 중요한 경제 자산이다.

PB 전략은
유통 기업이 브랜드를 직접 운영하는 구조다.

KN541 시스템에서는
PB 전환 전략을 통해
공동체 기반 브랜드 구조를 만들려고 한다.

유통 질서의 새로운 패러다임

1. 문명 Layer 유통 구조가 시장 질서를 만든다

경제를 이야기할 때 많은 사람들은
생산을 먼저 떠올린다.

그러나 실제 시장에서는
유통 구조가 시장 질서를 결정하는 경우가 많다.

상품이 아무리 뛰어나더라도
유통 구조를 확보하지 못하면
소비자에게 도달할 수 없다.

그래서 유통은 단순한 물류 과정이 아니라
경제 권력이 작동하는 구조가 된다.

현대 경제에서 유통 권력은
다음과 같은 방식으로 형성된다.

판매 채널 통제
....
브랜드 노출 통제
....
소비 접근 통제
....

이러한 구조에서는
유통 채널을 가진 기업이
시장 질서를 좌우할 수 있다.

기존 프랜차이즈 모델

현대 유통 구조에서
가장 널리 사용되는 시스템 중 하나가
프랜차이즈 시스템이다.

프랜차이즈는
하나의 브랜드와 운영 시스템을 기반으로
다수의 매장을 확장하는 방식이다.

그러나 기존 프랜차이즈 모델에는
구조적인 한계가 존재한다.

대표적인 문제는 다음과 같다.

가맹비 부담

인테리어 비용 부담

운영비 부담

광고 및 홍보 부담

즉, 기존 프랜차이즈에서는
점주가 대부분의 비용을 부담한다.

또한 매출을 만들기 위해

점주는 끊임없이 홍보와 마케팅을 해야 한다.

이러한 구조에서는
점주와 본사 사이의 갈등이 발생하기 쉽다.

2. 전략 Layer　KN541 직영 프랜차이즈 설계

KN541 시스템에서는
기존 프랜차이즈 구조와 전혀 다른
새로운 유통 모델을 제시한다.

KN541 직영 프랜차이즈의 핵심 구조는 다음과 같다.

> ① GreenT 보유 기반 참여
> ② 회사 중심 투자 구조
> ③ 공동체 소비 기반 매출
> ④ 네트워크 홍보 구조

이 네 가지 구조가 결합되면서
기존 프랜차이즈와 완전히 다른 모델이 만들어진다.

GreenT 기반 신청 구조

KN541 직영 프랜차이즈는
일반적인 창업 방식이 아니다.

KN541 시스템에 참여한 멤버 중
GreenT를 보유한 멤버가 신청할 수 있는 구조다.

즉, 매장 운영 기회는
단순한 자본이 아니라
시스템 기여도와 참여 기반으로 주어진다.

이 구조는
다음과 같은 특징을 가진다.

공동체 참여 기반 기회

기여 중심 경제 구조

시스템 참여자 중심 유통

즉, KN541 유통 거점은
외부 사업자가 아니라
시스템 참여자가 운영하는 구조가 된다.

회사 부담 구조

KN541 직영 프랜차이즈는
기존 프랜차이즈와 가장 크게 다른 구조를 가진다.

일반적인 프랜차이즈에서는
점주가 대부분의 비용을 부담한다.

그러나 KN541 시스템에서는
다음 비용을 회사가 부담한다.

가맹비

인테리어

매장 구축

운영 시스템

관리 시스템

즉, KN541 매장은
직영 기반 유통 거점으로 운영된다.

이 구조는
기존 프랜차이즈 구조의 근본적인 문제를 제거한다.

공동체 소비 구조

KN541 직영 프랜차이즈의 또 하나의 특징은
매출 구조다.

기존 프랜차이즈에서는
점주가 직접 고객을 유치해야 한다.

그러나 KN541 시스템에서는
매출 구조가 다르게 형성된다.

KN541에 참여한

멤버

크루

공동체 네트워크

가 자연스럽게 매장을 이용하게 된다.

즉, 매장은
공동체 소비 공간이 된다.

이 구조에서는
고객을 찾기 위한 과도한 경쟁이 줄어들 수 있다.

홍보 없는 유통 구조

기존 시장에서는
상품 판매를 위해
광고와 홍보가 필수적이다.

그러나 KN541 직영 프랜차이즈에서는
홍보 구조가 다르게 작동한다.

KN541 시스템에 참여한 멤버들이

상품을 소비하고

경험을 공유하고

네트워크를 통해 확산한다.

즉, 홍보는
광고가 아니라
네트워크 활동을 통해 이루어진다.

이 구조에서는
홍보 비용을 크게 줄일 수 있다.

KN541 직영 프랜차이즈 모델은
기존 유통 구조와 다른 특징을 가진다.

기존 유통 구조
: 기업 → 광고 → 소비자

KN541 유통 구조
: 공동체 → 네트워크 → 소비

이 구조는
유통 질서를 새로운 방식으로 재구성한다.

그래서 KN541 직영 프랜차이즈는
단순한 매장 확장이 아니라
유통 패러다임 변화를 의미한다.

3. 리더 Layer 전략리더의 질문

전략리더는
KN541 직영 프랜차이즈 구조를 깊이 이해해야 한다.

그래서 다음 질문을 고민해야 한다.

기존 프랜차이즈 구조의 문제는 무엇인가?
공동체 기반 유통 구조는 가능한가?
네트워크 소비는 어떤 유통 모델을 만들 수 있는가?

이 질문은
유통 시스템 설계를 이해하는 중요한 출발점이 된다.

유통 질서의 변화

경제 시스템이 변화할 때
가장 먼저 변화하는 영역 중 하나가
유통 구조다.

유통 구조가 바뀌면

시장 접근 방식
소비 경험
브랜드 구조

가 함께 변화할 수 있다.
그래서 전략리더는
유통 구조 변화를 깊이 이해해야 한다.

전략리더의 통찰

KN541 직영 프랜차이즈는
단순한 창업 모델이 아니다.

이 구조는

공동체 네트워크
소비 참여
시스템 경제

가 결합된
새로운 유통 모델이다.

이 모델은
기존 유통 질서를 넘어
새로운 경제 구조를 탐색하는 시도라고 볼 수 있다.

█ 핵심 정리

KN541 직영 프랜차이즈는
기존 프랜차이즈 구조와 다른 특징을 가진다.

GreenT 기반 참여 구조

회사 중심 투자 구조

공동체 소비 기반 매출

네트워크 홍보 구조

이 네 가지 구조는
유통 질서를 새로운 방식으로 설계한다.

KN541 직영 프랜차이즈는
유통의 새로운 패러다임을 제시하는 모델이다.

PART 4

KN541
경제 철학

11장

50·40·10 잉여 분배 전략

참여 경제의 새로운 분배 질서

1. 문명 Layer | 잉여는 문명을 움직이는 힘이다

인류 경제를 이해하려면
잉여(Surplus)라는 개념을 이해해야 한다.

잉여란
경제 활동을 통해 만들어진 추가 가치를 의미한다.

예를 들어

상품을 생산하고 판매한 후
모든 비용을 제외하고 남는 가치가 있다면
그것이 바로 잉여다.

이 잉여는
단순한 이익 이상의 의미를 가진다.

잉여는

새로운 투자

기술 발전

을 가능하게 하는
경제 성장의 중요한 자원이다.

그래서 경제 시스템을 설계할 때
가장 중요한 질문 중 하나가 등장한다.

"이 잉여는 누구에게 돌아가는가?"

기존 경제의 잉여 구조

현대 자본주의 경제에서는
잉여 분배가 특정 구조로 이루어진다.

대표적인 구조는 다음과 같다.

기업 이익 → 주주 배당
기업 이익 → 재투자
기업 이익 → 경영 보상

이 구조에서는
자본 투자자가
경제 잉여의 중요한 수혜자가 된다.

그러나 현대 경제에서는
경제 활동에 참여하는 주체가 다양해지고 있다.

예를 들어

소비자

네트워크 참여자

공동체 구성원

이러한 참여자들도
경제 가치 형성에 영향을 미친다.

그래서 새로운 경제 모델에서는
잉여 분배 구조가 다시 논의되고 있다.

2. 전략 Layer KN541 잉여 구조

KN541 시스템에서는
경제 활동에서 발생한 잉여를
다음과 같은 구조로 분배한다.

〈50 · 40 · 10 구조〉

50% → 참여자

40% → 생산 및 운영

10% → 재생산 인센티브

이 구조는
경제 시스템의 세 가지 요소를 함께 고려한다.

참여

KN541 시스템에서는
경제 활동에 참여한 사람을 중요한 주체로 본다.

그래서 잉여의 50%가 참여자에게 돌아간다.

이 구조는
다음과 같은 의미를 가진다.

참여 가치 인정
····················
공동체 경제 형성
····················
참여 경제 확대
····················

참여자가 많아질수록
경제 시스템 역시 성장할 수 있다.

그래서 참여 분배 구조는
KN541 시스템의 핵심 철학이다.

생산 및 운영 40%

경제 시스템이 지속적으로 작동하려면
안정적인 운영이 필요하다.

그래서 잉여의 40%는 생산과 운영에 사용된다.

이 자원은

상품 생산

유통 시스템

플랫폼 운영

시스템 관리

등에 활용될 수 있다.

이 구조는
경제 시스템의 안정성을 유지하는 역할을 한다.

재생산 인센티브 10%

경제 시스템이 성장하려면
확장 구조가 필요하다.

그래서 KN541 시스템에서는
잉여의 10%를 재생산 인센티브로 사용한다.

이 인센티브는
경제 시스템 확장을 지원한다.

재생산 인센티브 구조는 다음과 같다.

7% → 참여자

1% → 지구사랑

1% → 관리

1% → 아지트

이 구조는
경제 성장과 공동체 가치를 함께 고려한다.

참여 경제 인센티브

이 분배 구조는
경제 활동을 참여 구조로 전환한다.

참여자가

네트워크 확장에 기여하고
시장 형성에 기여하고
공동체 경제에 참여하면

경제 시스템 성장과
직접 연결될 수 있다.

이 구조는
참여 경제의 핵심 동력이 된다.

3. 리더 Layer　전략리더의 질문

전략리더는
분배 구조의 의미를 깊이 이해해야 한다.

그래서 다음 질문을 고민해야 한다.

잉여 분배 구조는 경제 질서를 어떻게 바꾸는가?
참여 분배 시스템은 어떤 경제 모델을 만드는가?
공동체 분배 구조는 가능한가?

이 질문은
경제 시스템 설계를 이해하는 중요한 출발점이 된다.

분배와 권력

경제에서 분배 구조는
단순한 숫자가 아니다.

분배 구조는
경제 권력 구조를 결정한다.

누가 잉여를 가지느냐에 따라
경제 질서도 달라질 수 있다.

그래서 전략리더는
분배 구조를 깊이 분석해야 한다.

전략리더의 통찰

KN541의 50·40·10 구조는
단순한 수익 분배 방식이 아니다.

이 구조는

참여 경제

을 동시에 고려한
경제 설계 모델이다.

이 구조는
경제 활동을 협력 구조로 전환할 가능성을 가진다.

핵심 정리

경제 시스템에서
잉여 분배 구조는 매우 중요한 요소다.

KN541 시스템에서는
50·40·10 구조를 통해

참여

운영

확장

을 함께 고려한 경제 모델을 설계한다.

이 구조는
참여 경제와 공동체 경제를 연결하는 기반이 된다.

12장 GWC 토큰 경제 전략

실물 경제와 디지털 경제의 연결

1. 문명 Layer | 경제와 화폐의 역할

경제 활동이 이루어지기 위해서는
교환 수단이 필요하다.

역사적으로 인류는
다양한 형태의 화폐를 사용해 왔다.

대표적인 예는 다음과 같다.

금과 은
종이 화폐
은행 시스템
디지털 결제

화폐는 단순한 교환 수단이 아니라
경제 활동을 연결하는 핵심 인프라다.

그래서 화폐 시스템이 변화하면
경제 구조도 함께 변화할 수 있다.

디지털 경제의 등장

인터넷과 정보 기술이 발전하면서
경제 구조에도 새로운 변화가 나타났다.

바로 디지털 경제다.

디지털 경제에서는

데이터
플랫폼
네트워크

가 중요한 자산이 된다.

이러한 환경에서는
새로운 형태의 디지털 자산이 등장할 수 있다.

예를 들어

포인트 시스템
플랫폼 보상 시스템
디지털 토큰

이러한 구조는
참여와 보상을 연결하는 역할을 할 수 있다.

디지털 네트워크 경제에서는
많은 사람들이 시스템에 참여한다.

예를 들어

콘텐츠 생산
정보 공유
네트워크 확장

이러한 활동은
경제 시스템 성장에 기여할 수 있다.

그래서 일부 경제 모델에서는
참여 활동에 대한 보상 구조가 등장하고 있다.

이러한 보상 구조는
경제 시스템 참여를 확대하는 역할을 할 수 있다.

2. 전략 Layer GWC 토큰의 역할

KN541 시스템에서는
잉여 분배를 GWC 토큰으로 지급하도록 설계되어 있다.

GWC는
경제 활동 속에서 발생한 가치가
참여자에게 전달될 수 있도록 하는 보상 자산이다.

이 구조는
다음과 같은 목적을 가진다.

참여 보상 연결

공동체 경제 형성

경제 활동 기록

GWC는
KN541 경제 시스템 속에서
참여와 가치를 연결하는 역할을 한다.

실물 경제와 디지털 경제

KN541 시스템의 특징은
실물 경제와 디지털 경제를 함께 운영한다는 점이다.

예를 들어
실물 경제에서는

상품 생산

유통 활동

소비 활동

이 이루어진다.

그리고 이 경제 활동 속에서 발생한 잉여가
GWC 토큰으로 지급될 수 있다.

이 구조는
실물 경제 활동과 디지털 보상을 연결한다.

참여 기록 시스템

GWC 토큰 시스템은
경제 활동 기록 기능도 가질 수 있다.

예를 들어

공동구매 참여
네트워크 확장
시장 형성 기여

이러한 활동은
경제 시스템 성장에 영향을 줄 수 있다.

이 참여 기록이
토큰 시스템과 연결되면
참여와 보상이 연결될 수 있다.

공동체 금융 구조

KN541 토큰 시스템은
공동체 금융 구조와 연결될 수 있다.

공동체 금융은
단순한 투자 금융이 아니라
경제 활동 속에서 형성되는 금융 구조다.

이 구조에서는

참여 활동

경제 기여

공동체 성장

이 함께 연결될 수 있다.

그래서 공동체 금융은
경제 활동을 협력 구조로 발전시킬 가능성을 가진다.

3. 리더 Layer · 전략리더의 질문

전략리더는
금융 구조를 깊이 이해해야 한다.

그래서 다음 질문을 고민해야 한다.

디지털 자산은 경제 시스템에 어떤 영향을 미치는가?

참여 보상 시스템은 어떤 경제 구조를 만들 수 있는가?

실물 경제와 디지털 경제는 어떻게 연결될 수 있는가?

이 질문은
경제 시스템 설계를 이해하는 중요한 출발점이 된다.

금융과 시스템

경제 시스템에서

금융 구조는 중요한 역할을 한다.

금융 구조는

자원 흐름

가치 분배

경제 확장

에 영향을 줄 수 있다.

그래서 전략리더는
금융 시스템을 경제 구조와 함께 이해해야 한다.

전략리더의 통찰

GWC 토큰 구조는
단순한 디지털 자산이 아니다.

이 구조는

참여 경제

공동체 경제

시스템 보상

을 연결하는 경제 설계 구조다.

이러한 구조는
경제 시스템 참여를 확대할 가능성을 가진다.

경제 시스템에서

화폐와 보상 구조는 중요한 역할을 한다.

KN541 시스템에서는

GWC 토큰을 통해

참여 보상

공동체 금융

경제 기록

을 연결하려 한다.

이 구조는

실물 경제와 디지털 경제를 연결하는 역할을 할 수 있다.

PART 5

네트워크 경제 전략

네트워크가 경제를 만든다

1. 문명 Layer　네트워크 문명의 등장

인류 문명은 오랫동안
물리적 연결을 중심으로 발전해 왔다.

예를 들어

도로
항구
철도

와 같은 인프라는
사람과 상품을 연결하는 역할을 했다.

이러한 연결 구조는
경제 활동을 확대하는 중요한 기반이 되었다.

그러나 디지털 시대가 시작되면서
또 다른 연결 구조가 등장했다.

바로 디지털 네트워크다.

인터넷과 모바일 기술은
사람들을 빠르게 연결할 수 있는 환경을 만들었다.

이 변화는
경제 구조에도 큰 영향을 미쳤다.

네트워크 효과

네트워크 경제에서 중요한 개념은
네트워크 효과(Network Effect)다.

네트워크 효과란
참여자가 증가할수록
시스템 가치가 커지는 현상을 의미한다.

예를 들어

전화 네트워크를 생각해 보면
전화 사용자가 많아질수록
연결 가능한 사람도 많아진다.

그래서 네트워크 가치는
사용자 수가 증가할수록 함께 증가한다.

이러한 현상은
디지털 플랫폼 경제에서도 나타난다.

현대 경제에서
빠르게 성장한 기업들을 보면
공통된 특징이 있다.

바로 플랫폼 기반 기업이라는 점이다.

대표적인 예는 다음과 같다.

아마존
구글
애플
알리바바

이 기업들은
단순한 상품 생산 기업이 아니라
네트워크 플랫폼을 운영한다.

플랫폼이 성장하면
참여자가 늘어나고
경제 활동도 함께 증가할 수 있다.

2. 전략 Layer 규모의 경제

경제 시스템이 성장하려면
규모의 경제가 필요하다.

규모의 경제란
경제 활동 규모가 커질수록
효율성이 증가하는 현상을 의미한다.

예를 들어

생산 규모 증가
유통 효율 증가
네트워크 확장

이러한 요소는
경제 시스템의 경쟁력을 높일 수 있다.

그래서 많은 경제 시스템은
일정 규모 이상의 참여자를 확보하는 것이 중요하다.

100만 유저의 의미

KN541 시스템에서는
100만 유저 규모를 중요한 목표로 설정한다.

이 규모는 단순한 숫자가 아니다.

100만 유저는
경제 시스템이 안정적으로 작동할 수 있는
네트워크 임계 규모가 될 수 있다.

이 규모가 형성되면

와 같은 효과가 나타날 수 있다.

네트워크 시장 형성

100만 유저 네트워크가 형성되면
경제 활동 방식도 달라질 수 있다.

예를 들어
소비 네트워크가 형성되면
상품 정보가 빠르게 공유될 수 있다.

또한 공동구매 참여가 확대되면
시장 규모도 빠르게 성장할 수 있다.

이러한 구조에서는
네트워크 자체가 시장 형성 엔진이 된다.

KN541 네트워크 구조

KN541 시스템의 네트워크 구조는
다음과 같은 흐름을 가진다.

참여
→ 네트워크 연결
→ 공동구매 확대

이 과정에서
참여자는 단순한 소비자가 아니라
시장 형성의 주체가 된다.

GreenT와 네트워크

KN541 시스템에서는
GreenT 구조도 네트워크 경제와 연결된다.

GreenT는
시스템 참여와 기여를 나타내는 구조로 설계되어 있다.

이 구조는
네트워크 확장과 연결될 수 있다.

네트워크가 성장하면
경제 활동도 함께 증가할 수 있기 때문이다.

3. 리더 Layer 전략리더의 질문

전략리더는
네트워크 경제 구조를 깊이 이해해야 한다.

그래서 다음 질문을 고민해야 한다.

네트워크 효과는 경제에 어떤 영향을 미치는가?

참여 규모는 경제 시스템에 어떤 의미를 가지는가?

공동체 네트워크는 어떤 시장을 만들 수 있는가?

이 질문은

경제 시스템 설계를 이해하는 중요한 출발점이 된다.

네트워크 사고

전략리더는

경제를 단순한 거래 활동으로 보지 않는다.

전략리더는

경제를 네트워크 구조로 바라본다.

이 관점에서는

참여자 연결

정보 흐름

시장 형성

이 중요한 분석 대상이 된다.

전략리더의 통찰

100만 유저 경제 전략은

단순한 회원 수 목표가 아니다.

이 전략은

경제 시스템을 작동시키는

네트워크 규모 전략이다.
네트워크 규모가 형성되면
경제 활동 역시 함께 성장할 수 있다.

■ 핵심 정리

디지털 시대에는
네트워크 구조가 경제 성장에 중요한 역할을 한다.

100만 유저 규모는
경제 시스템이 안정적으로 작동할 수 있는
네트워크 임계 규모가 될 수 있다.

KN541 시스템에서는
참여 네트워크를 기반으로
경제 구조를 설계한다.

14장

GreenT 지분 경제 전략

소유 없는 생산, 지배 없는 발전

1. 문명 Layer 소유 구조와 경제 권력

경제 시스템을 이해할 때
가장 중요한 요소 중 하나는 소유 구조다.

누가 기업을 소유하고
누가 지분을 가지고 있는지에 따라
경제 권력의 구조가 결정되기 때문이다.

현대 자본주의 경제에서는
기업 소유가 다음과 같은 방식으로 형성된다.

창업자 지분
투자자 지분
주주 지분

이 구조에서는
자본을 투자한 사람이
기업의 소유권을 가지게 된다.

그래서 기업 권력은

자본 투자와 연결되는 경우가 많다.

소유 중심 경제의 특징

소유 중심 경제에서는
경제 활동이 다음과 같은 방식으로 이루어진다.

자본 투자
→ 기업 성장
→ 지분 가치 상승

이 구조에서는
기업 성장의 결과가
주주에게 집중될 수 있다.

이러한 구조는
기업 성장과 투자 확대를 가능하게 하지만
한편으로는 경제 권력 집중을 만들기도 한다.

그래서 일부 경제 모델에서는
새로운 소유 구조에 대한 논의가 등장하고 있다.

공동체 경제의 질문

경제 시스템이 발전하면서
다음과 같은 질문이 등장한다.

"경제 시스템에 참여한 사람들은
어떤 방식으로 경제 성장에 참여할 수 있는가?"

이 질문은
공동체 경제와 참여 경제 논의에서
중요한 출발점이 된다.

2. 전략 Layer KN541 설계자의 지분 구조

KN541 시스템은
초기 설계 단계에서
설계자가 100% 지분을 보유하는 구조로 시작한다.

이 구조는
초기 시스템 설계와 안정적인 운영을 위한 구조다.

경제 시스템이 시작될 때
명확한 설계와 방향성이 필요하기 때문이다.

그러나 KN541 시스템은
장기적으로 다른 지분 구조를 계획하고 있다.

100만 유저 이후 지분 전환

KN541 시스템에서는
네트워크 규모가 일정 수준에 도달하면
지분 구조 변화가 이루어진다.

그 기준은 100만 유저다.

100만 유저 규모가 형성되면

설계자가 보유한 지분 중
30%가 GreenT 구조와 연결된다.

이 과정을
'GreenT 스왑 구조'라고 한다.

GreenT 지분 참여

GreenT는
KN541 시스템 참여와 기여를 나타내는 구조다.

100만 유저 이후
GreenT 보유자는
지분 참여 기회를 가질 수 있는 구조가 된다.

이 구조는
기존 기업 지분 구조와 다른 특징을 가진다.

기존 구조

자본 투자 → 지분 확보

KN541 구조

참여 기여 → GreenT → 지분 참여 가능

이 구조는
경제 참여와 소유 구조를 연결하려는 시도다.

GreenT 스왑 구조가 작동하면
KN541 시스템에는 새로운 특징이 나타날 수 있다.

바로 공동체 지분 구조다.

이 구조에서는

참여자

네트워크 기여자

공동체 구성원

이 경제 시스템 성장과 연결될 수 있다.

이러한 구조는
경제 참여와 경제 소유를 연결하는 모델이 될 수 있다.

3. 리더 Layer KN541 철학

KN541 시스템에는
다음과 같은 철학이 존재한다.

소유 없는 생산

지배 없는 발전

자기주장 없는 행동

이 철학은

경제 시스템을 협력 구조로 발전시키려는
가치 방향을 나타낸다.

전략리더의 질문

전략리더는
지분 구조를 깊이 이해해야 한다.

그래서 다음 질문을 고민해야 한다.

기업 소유 구조는 경제 권력에 어떤 영향을 미치는가?
참여 기반 지분 구조는 가능한가?
공동체 경제는 어떤 형태로 발전할 수 있는가?

이 질문은
경제 시스템 설계를 이해하는 중요한 출발점이 된다.

전략리더의 통찰

GreenT 지분 구조는
단순한 투자 구조가 아니다.

이 구조는

참여 경제
공동체 경제
네트워크 경제

를 연결하는 경제 설계 모델이다.

이 모델은

경제 참여와 경제 소유를 연결하려는 시도라고 볼 수 있다.

■ 핵심 정리

KN541 시스템은

초기에는 설계자가 100% 지분을 보유하는 구조로 시작한다.

그러나 100만 유저 규모 이후

30% 지분이 GreenT 구조와 연결된다.

이 구조는

참여 기반 지분 참여 가능성을 만드는 설계다.

KN541 시스템은

경제 참여와 공동체 가치를 연결하는

새로운 경제 모델을 탐색한다.

PART 6

새로운 문명 설계

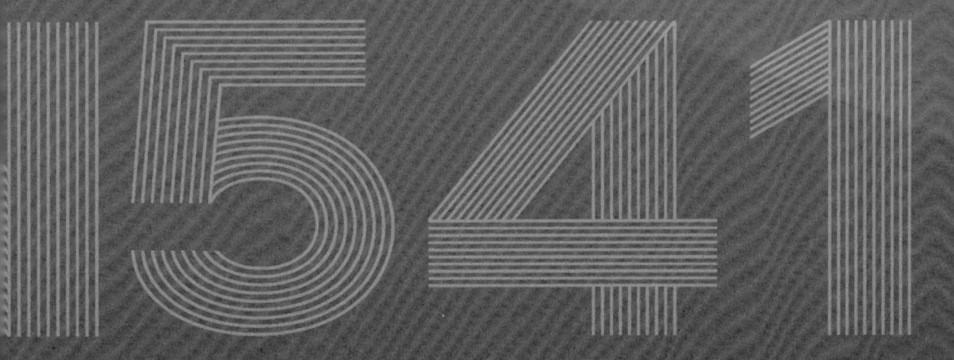

15장

전자오두막 문명

새로운 공동체 문명의 시작

1. 문명 Layer　인간은 공동체 속에서 살아왔다

인류 역사를 보면
사람들은 항상 공동체 속에서 살아왔다.

초기 인류 사회에서는
작은 마을 공동체가 중심이었다.

사람들은

함께 생산하고
함께 나누고
함께 살아가는 구조 속에서 생활했다.

이러한 공동체는
단순한 생활 공간이 아니라
문화와 문명이 형성되는 장소였다.

그러나 산업 문명이 발전하면서
사회 구조는 크게 변화했다.

대규모 도시가 등장하고
경제 활동은 기업 중심으로 이동했다.

이 과정에서
공동체 기반 생활 구조는 점차 약해지기 시작했다.

디지털 시대의 새로운 공동체

디지털 기술이 발전하면서
사람들은 새로운 방식으로 연결되기 시작했다.

인터넷과 모바일 네트워크는
물리적 거리를 넘어
사람들을 연결할 수 있게 만들었다.

이 변화는
새로운 공동체 형태를 가능하게 한다.

예를 들어

온라인 커뮤니티

디지털 협력 네트워크

글로벌 연결 구조

이러한 변화는
새로운 문명 형태를 상상할 수 있는 가능성을 만든다.

KN541 시스템에서는
이 새로운 공동체 문명의 상징적 공간으로
전자오두막(Electronic Hut) 개념을 제시한다.

전자오두막은
단순한 건물이 아니다.

전자오두막은

공동체 거점

경제 활동 공간

문화 교류 공간

이 함께 이루어지는 문명 공간이다.

KN541 메카

전자오두막은
KN541 시스템의 중요한 거점이 된다.

이 공간은
단순한 시설이 아니라
KN541 메카(Mecca)로서의 의미를 가진다.

이곳에서는

공동체 활동
경제 참여
가치 공유

가 함께 이루어질 수 있다.

전자오두막은
KN541 철학과 활동이
현실 공간에서 구현되는 장소다.

지구사랑 발원지

전자오두막의 또 하나의 중요한 의미는
지구사랑 발원지라는 점이다.

KN541 시스템에서는
경제 활동이 단순한 이익 추구가 아니라
지구와 공동체를 함께 생각하는 방향으로 발전하기를 지향한다.

그래서 전자오두막은
다음과 같은 활동의 중심이 될 수 있다.

환경 보호 활동
공동체 나눔 활동
지속 가능한 생활 문화

이러한 활동은
경제 활동과 사회적 가치를 연결할 수 있다.

무료 입주 구조

전자오두막의 특징 중 하나는
무료 입주 구조다.

이 구조는
단순한 부동산 개념이 아니다.

전자오두막 입주는
경제 참여와 공동체 기여를 기반으로 한다.

입주 자격은
다음과 같은 요소를 고려하여 평가된다.

GreenT 보유

시스템 기여

사전예약 참여

이 기준을 통해
전자오두막 입주가 우선 배정될 수 있다.

이 구조는
경제 참여와 공동체 기여를 연결한다.

참여 기반 공동체

전자오두막 시스템의 핵심은
참여 기반 공동체다.

이 공간은
단순한 거주 공간이 아니라

공동체 활동
경제 협력
가치 공유

가 이루어지는 장소다.

그래서 전자오두막은
경제 시스템과 공동체 문명을 연결하는
중요한 역할을 할 수 있다.

3. 리더 Layer | 전략리더의 질문

전략리더는
전자오두막 개념을 깊이 이해해야 한다.

그래서 다음 질문을 고민해야 한다.

공동체 거점은 어떤 문명을 만들 수 있는가?
참여 기반 공간은 어떤 사회 구조를 만들 수 있는가?
경제 시스템과 공동체 문화는 어떻게 연결될 수 있는가?

이 질문은
새로운 문명 모델을 이해하는 중요한 출발점이 된다.

공간과 문명

문명은
단순한 기술 발전만으로 만들어지지 않는다.

문명은
사람들이 함께 모이고
함께 살아가는 공간 속에서 발전한다.

그래서 공동체 공간은
문명 형성에 중요한 역할을 한다.

전략리더의 통찰

전자오두막은
단순한 건물이 아니다.

이 공간은

공동체
경제
문화

가 연결되는 문명 거점이다.

KN541 시스템에서는
이 공간을 통해
새로운 공동체 문명을 탐색하려 한다.

■ **핵심 정리**

전자오두막은

KN541 공동체 문명의 상징적 공간이다.

이 공간은

공동체 거점

지구사랑 발원지

KN541 메카

로서의 의미를 가진다.

전자오두막은

참여 기반 공동체 문명의 시작을 상징한다.

새로운 문명의 가능성

1. 문명 Layer　문명은 경제 구조 위에서 발전한다

인류 문명을 이해하려면
경제 구조를 이해해야 한다.

경제는 단순한 거래 활동이 아니라
사회 구조를 형성하는 중요한 기반이기 때문이다.

역사를 보면
경제 구조 변화는 문명 변화와 연결되어 왔다.

예를 들어

농업 문명은
토지 중심 경제 위에서 발전했다.

산업 문명은
기계와 공장 중심 경제 위에서 발전했다.

디지털 문명은
네트워크와 데이터 경제 위에서 성장하고 있다.

이처럼 경제 구조는
문명 발전 방향을 결정하는 중요한 요소다.

산업 문명의 한계

산업 문명은
인류 역사에서 큰 발전을 이루었다.

대량 생산 시스템은
생활 수준을 크게 향상시켰다.

그러나 산업 문명 역시
여러 가지 문제를 만들어 냈다.

대표적인 예는 다음과 같다.

과잉 생산
자원 낭비
환경 문제
경제 불균형

이러한 문제는
경제 시스템을 다시 생각하게 만든다.

그래서 현대 사회에서는
새로운 경제 모델에 대한 논의가 등장하고 있다.

디지털 문명의 가능성

디지털 기술은

경제 구조에 새로운 가능성을 만들었다.

인터넷과 모바일 네트워크는
사람들을 빠르게 연결할 수 있다.

이 연결 구조는
경제 활동에도 영향을 미친다.

예를 들어

공동구매
참여 경제
네트워크 시장

이러한 구조는
새로운 경제 모델을 만들 수 있는 기반이 된다.

그래서 디지털 시대에는
참여 기반 경제가 등장할 가능성이 있다.

2. 전략 Layer KN541 문명 실험

KN541 시스템은
단순한 사업 모델이 아니다.

KN541은
경제 시스템 실험이자
문명 실험이다.

KN541 시스템은
다음과 같은 구조를 결합한다.

소비생산 경제
공동구매 네트워크
참여 보상 구조
공동체 공간

이 요소들이 결합되면
새로운 경제 질서가 등장할 가능성이 있다.

참여 문명

KN541 시스템이 지향하는 방향은
참여 문명(Participatory Civilization)이다.

참여 문명에서는
사람들이 단순한 소비자가 아니다.

사람들은

경제 참여자
공동체 구성원
네트워크 기여자

가 된다.

이 구조에서는
경제 활동이 협력 구조로 발전할 수 있다.

KN541 문명 전략의 핵심은
공동체 경제다.

공동체 경제에서는
경제 활동이 개인 경쟁 중심이 아니라
협력 구조로 이루어진다.

예를 들어

공동구매
공동체 소비
공동체 분배

이러한 활동은
경제 구조를 새로운 방향으로 발전시킬 수 있다.

전자오두막은
KN541 문명 전략에서 중요한 역할을 한다.

전자오두막은

공동체 거점
경제 활동 공간
문화 교류 공간

으로 작동할 수 있다.

이 공간은
새로운 공동체 문명의 실험 공간이 될 수 있다.

3. 리더 Layer 전략리더의 질문

전략리더는
문명 변화를 깊이 이해해야 한다.

그래서 다음 질문을 고민해야 한다.

경제 구조 변화는 문명에 어떤 영향을 미치는가?
참여 경제는 어떤 사회 구조를 만들 수 있는가?
공동체 경제는 현실에서 가능할까?

이 질문은
문명 전략을 이해하는 중요한 출발점이 된다.

문명을 보는 관점

문명은 하루아침에 만들어지지 않는다.

문명은
사람들의 생각과 행동이
오랜 시간 축적되면서 형성된다.

그래서 새로운 문명을 이야기할 때
중요한 것은 작은 실험이다.

작은 실험이 모이면
새로운 가능성이 나타날 수 있다.

KN541 시스템은
완성된 문명이 아니다.

KN541은
새로운 문명을 탐색하는 실험이다.

이 실험은
경제 구조와 공동체 구조를
함께 변화시키려는 시도다.

이러한 시도는
새로운 가능성을 탐색하는 과정이 될 수 있다.

경제 구조는
문명 발전 방향에 중요한 영향을 준다.

KN541 시스템은
경제 참여와 공동체 협력을 기반으로
새로운 문명 가능성을 탐색한다.

이 과정은
경제 시스템 실험이자
문명 실험이 될 수 있다.

17장

KN541 리더십 철학

소유 없는 생산 · 지배 없는 발전 · 자기주장 없는 행동

1. 문명 Layer　리더십이 문명을 만든다

문명은 단순히 기술 발전으로 만들어지지 않는다.

문명은
사람들의 생각과 행동이 모여
오랜 시간에 걸쳐 형성된다.

특히 중요한 것은 리더십이다.

리더십은
사람들이 어떤 방향으로 나아갈지를 결정한다.

역사를 보면
많은 문명 변화는
새로운 리더십 철학과 함께 등장했다.

예를 들어

공동체 중심 사회

민주주의 사회
시민 참여 사회

이러한 변화는
새로운 리더십 사고에서 시작되었다.

그래서 경제 시스템이 변화하려면
리더십 철학 역시 함께 변화해야 한다.

권력 중심 리더십의 한계

산업 문명 시대의 리더십은
대체로 권력 중심 구조였다.

기업 조직에서는

상위 명령
하위 실행

이라는 구조가 일반적이었다.

이 구조는
대규모 조직 운영에는 효율적이지만
다음과 같은 문제도 만들 수 있다.

권력 집중
창의성 제한
참여 감소

그래서 현대 사회에서는
다른 형태의 리더십이 논의되고 있다.

참여 리더십

디지털 시대에는
사람들이 더 많이 연결되고
정보가 빠르게 공유된다.

이 환경에서는
리더십 구조도 변화할 수 있다.

예를 들어

참여 리더십

협력 리더십

네트워크 리더십

이러한 리더십은
사람들의 자발적인 참여를 중요하게 생각한다.

그래서 현대 사회에서는
참여 기반 리더십이 중요한 주제가 되고 있다.

2. 전략 Layer KN541 리더 정신

KN541 시스템에서는
다음과 같은 리더 철학을 제시한다.

소유 없는 생산
지배 없는 발전
자기주장 없는 행동

이 세 가지 원칙은
KN541 리더십의 핵심 정신이다.

소유 없는 생산

소유 없는 생산은
경제 활동을 소유 중심이 아니라
참여 중심으로 바라보는 관점이다.

현대 경제에서는
생산 활동이 소유와 연결되는 경우가 많다.

그러나 KN541 철학에서는
생산 활동이 공동체 참여 속에서 이루어질 수 있다고 본다.

이 관점에서는

생산은 공동체 활동이며
경제 활동은 협력 과정이 된다.

그래서 생산은
개인의 소유가 아니라
공동체 참여 속에서 이루어질 수 있다.

지배 없는 발전

경제 시스템이 성장할 때
종종 권력 구조가 함께 형성된다.

기업이 성장하면
조직 권력도 함께 확대되는 경우가 많다.

그러나 KN541 철학에서는
발전이 반드시 지배 구조를 만들 필요는 없다고 본다.

지배 없는 발전은
협력 구조 속에서 이루어질 수 있다.

이 관점에서는

경제 성장

공동체 협력

참여 확대

가 함께 이루어질 수 있다.

자기주장 없는 행동

리더십에서 또 하나 중요한 요소는
행동의 태도다.

많은 조직에서는
자기주장과 경쟁이 강조되기도 한다.

그러나 KN541 철학에서는
다른 관점을 제시한다.

자기주장 없는 행동은
자신을 드러내기 위한 행동이 아니라
공동체를 위한 행동을 의미한다.

이 태도는

겸손

협력

신뢰

를 기반으로 한다.

이러한 행동은
공동체 신뢰를 형성하는 중요한 요소가 된다.

3. 리더 Layer · KN541 리더의 역할

KN541 리더는
단순한 조직 관리자가 아니다.

KN541 리더는
다음과 같은 역할을 수행한다.

① 공동체 연결자

② 경제 참여 촉진자

③ 문명 실험 참여자

이 역할은

기존 조직 리더십과 다른 특징을 가진다.

리더와 시스템

KN541 시스템에서는

특정 개인이 중심이 되는 구조보다

시스템이 작동하는 구조를 중요하게 생각한다.

그래서 KN541 리더는

권력을 행사하는 사람이 아니라

시스템이 잘 작동하도록 돕는 사람이다.

이 역할은

협력 기반 리더십에 가깝다.

전략리더의 통찰

KN541 리더십 철학은

단순한 조직 운영 방식이 아니다.

이 철학은

경제 시스템과 공동체 문화를 함께 고려한

리더십 모델이다.

이러한 리더십은

참여 경제와 공동체 문명 속에서
중요한 역할을 할 수 있다.

KN541 리더십 철학은
다음 세 가지 원칙으로 정리된다.

소유 없는 생산
지배 없는 발전
자기주장 없는 행동

이 원칙은
경제 활동과 공동체 협력을 연결하는
리더십 방향을 제시한다.

KN541 리더는
경제 시스템과 공동체 문명을 연결하는
중요한 역할을 수행한다.

전략리더의 역할

18장

KN541 전략리더의 역할

시스템을 이해하고 미래를 설계하는 사람

1. 문명 Layer 리더는 방향을 만든다

어떤 공동체든
리더의 역할은 중요하다.

리더는 단순히 조직을 관리하는 사람이 아니라
공동체가 나아갈 방향을 제시하는 사람이기 때문이다.

역사를 보면
많은 변화는
소수의 사람들로부터 시작되었다.

새로운 생각을 제시하고
새로운 구조를 만들고
새로운 길을 제시한 사람들이 있었다.

이러한 사람들은
단순한 관리자가 아니라
방향을 만드는 리더였다.

시대 변화와 리더십

시대가 변화하면
리더십의 형태도 함께 변화한다.

농업 문명에서는
마을 중심 리더십이 중요했다.

산업 문명에서는
조직 중심 리더십이 등장했다.

디지털 시대에는
네트워크 중심 리더십이 등장하고 있다.

이러한 변화는
리더의 역할이 단순한 명령 구조에서
연결과 협력 구조로 이동하고 있음을 보여 준다.

2. 전략 Layer KN541 전략리더

KN541 전략리더는
단순한 조직 리더가 아니다.

전략리더는
경제 시스템을 이해하는 사람이다.

KN541 전략리더는
다음 세 가지 관점을 이해해야 한다.

① **경제 구조**

② **시스템 설계**

③ **문명 변화**

이 세 가지 관점이 결합될 때
경제 시스템을 더 깊이 이해할 수 있다.

시스템 리더십

KN541 시스템에서
중요한 것은 개인 권력이 아니라
시스템 구조다.

그래서 KN541 전략리더는
사람을 지배하는 리더가 아니라
시스템이 작동하도록 돕는 리더다.

이 역할은
다음과 같은 특징을 가진다.

참여 연결

네트워크 형성

공동체 협력

이러한 리더십은
협력 기반 리더십이라고 할 수 있다.

경제 구조 이해

전략리더는

경제 구조를 깊이 이해해야 한다.

KN541 시스템은

다음 요소가 결합된 구조다.

소비생산 경제

공동구매 네트워크

PB 유통 구조

참여 보상 시스템

공동체 거점

이 구조를 이해할 때

경제 시스템 전체를 볼 수 있다.

네트워크 확장

전략리더의 중요한 역할 중 하나는

네트워크 확장이다.

네트워크가 성장하면

공동구매 시장 확대

PB 상품 확대

공동체 경제 확대

와 같은 변화가 나타날 수 있다.

그래서 전략리더는
네트워크 구조를 이해해야 한다.

3. 리더 Layer 전략리더의 사고

전략리더는
단순한 실행자가 아니다.

전략리더는
생각하는 리더다.

그래서 전략리더는
다음 질문을 자주 던져야 한다.

> **이 시스템은 왜 존재하는가?**
> **경제 구조는 어떻게 작동하는가?**
> **미래 경제는 어떤 방향으로 갈 것인가?**

이 질문은
전략 사고를 만드는 중요한 출발점이다.

공동체 연결자

KN541 전략리더는
공동체를 연결하는 역할을 한다.

> **사람과 사람을 연결하고**
> **생각과 생각을 연결하며**

경제 활동을 연결한다.

이러한 연결은
공동체 성장에 중요한 역할을 한다.

문명 실험 참여자

KN541 시스템은
완성된 문명이 아니다.

KN541은
새로운 문명 실험이다.

전략리더는
이 실험에 참여하는 사람이다.

경제 시스템을 이해하고
공동체를 연결하며
새로운 가능성을 탐색한다.

핵심 정리

KN541 전략리더는
단순한 조직 리더가 아니다.

전략리더는

시스템 이해자
네트워크 연결자

문명 실험 참여자다.

이 역할은
경제 시스템과 공동체 문명을
연결하는 중요한 역할이다.

19장

새로운 문명의 시작

KN541이 열어 가는 미래

1. 문명 Layer | 문명은 작은 변화에서 시작된다

인류 문명을 돌아보면
거대한 변화는 언제나 작은 시작에서 출발했다.

농업 문명도
처음에는 작은 농경 공동체에서 시작되었다.

산업 문명 역시
몇몇 지역에서 시작된 기술 혁신이
전 세계로 확산되면서 만들어졌다.

디지털 문명도
초기의 작은 네트워크에서 시작되어
지금은 전 세계를 연결하는 구조로 발전했다.

이러한 역사는
문명 변화가 반드시 거대한 계획에서 시작되는 것이 아니라
작은 실험과 작은 시도에서 시작될 수 있음을 보여 준다.

오늘날 인류는

새로운 질문 앞에 서 있다.

경제는 반드시 경쟁 중심이어야 하는가?

소비자는 단순한 구매자에 머물러야 하는가?

경제 참여는 더 넓게 확장될 수 없는가?

이 질문들은

새로운 경제 모델에 대한 가능성을 탐색하게 만든다.

그래서 현대 사회에서는

다양한 경제 실험이 등장하고 있다.

KN541의 의미

KN541 시스템은

이러한 질문 속에서 등장한 하나의 시도다.

KN541은

단순한 사업 모델이 아니다.

KN541은

경제 시스템 실험

공동체 실험

문명 실험

이라는 의미를 가진다.

이 시스템은
참여와 협력을 기반으로
경제 활동을 연결하려는 시도다.

2. 전략 Layer　시스템이 문명을 만든다

경제 구조는
사회 구조에 큰 영향을 미친다.

경제 시스템이 바뀌면
사람들의 행동 방식도 바뀌고
공동체 구조도 변화할 수 있다.

KN541 시스템은
다음과 같은 구조를 결합하고 있다.

소비생산 경제

사전예약 시장

공동구매 네트워크

PB 유통 구조

직영 프랜차이즈

참여 보상 시스템

공동체 공간

이 구조들은

서로 연결되어 하나의 경제 시스템을 형성한다.

참여 기반 경제

KN541 시스템의 중요한 특징은
참여 기반 경제다.

참여 기반 경제에서는
사람들이 단순한 소비자가 아니라
경제 활동의 참여자가 된다.

사람들은

시장 형성에 참여하고
공동구매에 참여하고
네트워크 확장에 참여한다.

이 과정에서
경제 활동은 협력 구조로 발전할 수 있다.

공동체 문명

KN541 시스템은
경제 활동을 공동체와 연결하려 한다.

예를 들어

공동체 소비
공동체 분배

이러한 구조는
경제 활동을 개인 경쟁 중심이 아니라
협력 구조로 발전시킬 가능성을 가진다.

전자오두막은
이러한 공동체 문명의 상징적 공간이다.

이 공간은

지구사랑 발원지

KN541 메카

새로운 공동체 거점

으로서 의미를 가진다.

3. 리더 Layer 전략리더의 사명

KN541 전략리더는
단순한 조직 리더가 아니다.

전략리더는
새로운 가능성을 탐색하는 사람이다.

전략리더는

이 역할은
단순한 조직 관리가 아니라
문명 실험에 참여하는 과정이다.

리더의 태도

KN541 리더십 철학은
다음 세 가지 원칙을 강조한다.

이 원칙은
경제 활동을 협력 구조로 발전시키려는
리더십 방향을 제시한다.

이러한 태도는
공동체 신뢰를 형성하는 중요한 기반이 된다.

새로운 시작

KN541은
완성된 시스템이 아니다.

KN541은
하나의 시작이다.

이 시스템은
경제와 공동체를 연결하는 새로운 가능성을 탐색하는 과정이다.

이 과정은
많은 사람들의 참여와 생각 속에서
점점 발전할 수 있다.

그래서 KN541은
하나의 프로젝트이기도 하지만
동시에 하나의 질문이기도 하다.

핵심 정리

KN541 시스템은
경제 참여와 공동체 협력을 기반으로
새로운 경제 모델을 탐색한다.

이 과정은
경제 시스템 실험이자
문명 실험이 될 수 있다.

전략리더는
이 변화 속에서
생각하고 연결하며
가능성을 탐색하는 역할을 한다.

결론

경제는
단순한 거래 활동이 아니다.

경제는
사람과 사람을 연결하는
공동체 활동이기도 하다.

KN541은
이 연결을 새로운 방식으로 시도한다.

그리고 그 과정 속에서
새로운 경제 질서와
새로운 공동체 문명이
조금씩 모습을 드러낼 수 있다.

장별 Think Question

1장 | 문명 전환의 이해

문명 변화는 왜 경제 구조 변화와 함께 나타나는가?

농업 문명과 산업 문명의 차이는 무엇인가?

디지털 문명은 기존 문명과 어떤 점이 다른가?

2장 | 소비 철학

소비는 왜 창조 질서의 근본이라고 말할 수 있는가?

소비자의 선택이 시장 구조에 미치는 영향은 무엇인가?

소비 주권 시대는 어떤 조건에서 가능해지는가?

3장 | 시장 설계

시장은 자연적으로 형성되는가 아니면 설계되는가?

시장 규칙은 경제 결과에 어떤 영향을 미치는가?

플랫폼 기업이 시장 권력을 가지는 이유는 무엇인가?

4장 | 시장 왜곡

시장 왜곡은 왜 발생하는가?

광고 경제는 소비 선택에 어떤 영향을 미치는가?

주의 경제는 사회 구조에 어떤 변화를 가져오는가?

최종 평가 시험 50문항

01 전략리더의 역할은 무엇인가?

① 전달
② 관리
③ 설계
④ 실행

정답: ③

02 구조 설계의 핵심은 무엇인가?

① 속도
② 방향
③ 규모
④ 비용

정답: ②

03 KN541에서 시장은 무엇인가?

① 거래
② 구조
③ 공간
④ 가격

정답: ②

04 설계 관점의 핵심은 무엇인가?

① 결과
② 과정
③ 구조
④ 실행

정답: ③

05 참여 확장의 핵심은 무엇인가?

① 광고
② 연결
③ 비용
④ 시간

정답: ②

06 유통 구조의 핵심 변화는 무엇인가?

① 속도
② 참여
③ 가격
④ 생산

정답: ②

07 KN541에서 권한은 어디에 있는가?

① 기업
② 조직
③ 참여자
④ 관리자

정답: ③

08 전략의 본질은 무엇인가?

① 계획
② 선택
③ 설계
④ 실행

정답: ③

09 구조 설계의 목적은 무엇인가?

① 효율
② 결과
③ 방향
④ 통제

정답: ③

10 KN541의 핵심 경쟁력은 무엇인가?

① 기술
② 자본
③ 구조
④ 정보

정답: ③

11 구조 설계의 결과는 무엇인가?

① 비용 절감
② 시간 단축
③ 시장 변화
④ 정보 증가

정답: ③

12 KN541에서 연결의 의미는 무엇인가?

① 관계 형성
② 데이터 교환
③ 흐름 형성
④ 계약 구조

정답: ③

13 전략리더가 반드시 가져야 할 관점은 무엇인가?

① 실행 관점
② 분석 관점
③ 설계 관점
④ 관리 관점

정답: ③

14 KN541에서 참여의 역할은 무엇인가?

① 소비 증가
② 구조 형성
③ 비용 절감
④ 시간 단축

정답: ②

15 유통 구조 변화의 핵심은 무엇인가?

① 가격 인하
② 속도 증가
③ 참여 기반
④ 생산 확대

정답: ③

16 KN541에서 권한은 누구에게 있는가?

① 기업
② 관리자
③ 참여자
④ 조직

정답: ③

17 구조 설계의 출발점은 무엇인가?

① 생산
② 유통
③ 소비
④ 조직

정답: ③

18 KN541에서 시스템의 본질은 무엇인가?

① 조직
② 구조
③ 기술
④ 자본

정답: ②

19 전략의 핵심은 무엇인가?

① 실행
② 계획
③ 설계
④ 분석

정답: ③

20 참여 확장의 결과는 무엇인가?

① 비용 증가
② 연결 확대
③ 생산 증가
④ 시간 증가

정답: ②

---

21 KN541에서 네트워크의 본질은 무엇인가?

① 조직
② 관계
③ 연결
④ 계약

정답: ③

---

22 구조가 작동하기 위한 조건은 무엇인가?

① 자본
② 기술
③ 사람
④ 정보

정답: ③

---

23 KN541에서 흐름의 의미는 무엇인가?

① 이동
② 변화
③ 연결된 과정
④ 속도

정답: ③

24 설계 관점의 핵심은 무엇인가?

① 결과
② 과정
③ 구조
④ 실행

정답: ③

---

25 전략리더의 역할로 가장 적절한 것은?

① 실행자
② 관리자
③ 설계자
④ 전달자

정답: ③

---

26 KN541에서 공동체의 역할은 무엇인가?

① 관리
② 통제
③ 확장 기반
④ 생산

정답: ③

---

27 구조 변화의 핵심 동인은 무엇인가?

① 자본
② 기술
③ 참여
④ 정보

정답: ③

28 KN541 시스템의 특징은 무엇인가?

① 중앙 집중
② 단일 구조
③ 연결 구조
④ 고정 구조

정답: ③

29 전략 설계의 목적은 무엇인가?

① 효율
② 속도
③ 방향 설정
④ 비용 절감

정답: ③

30 KN541의 핵심 경쟁력은 무엇인가?

① 기술
② 자본
③ 구조
④ 규모

정답: ③

31 경제 패러다임 변화의 핵심 요소는 무엇인가?

모범답안

생산 중심에서 소비 및 참여 중심으로의 전환이다.

32 플랫폼 경제의 핵심 특징은 무엇인가?

모범답안

연결을 기반으로 가치가 형성된다.

33 소비 주권의 의미는 무엇인가?

모범답안

소비자가 시장 방향을 결정하는 구조이다.

34 시스템 경제의 특징은 무엇인가?

모범답안

구조와 흐름 중심으로 작동한다.

35 시장 왜곡의 대표적 원인은 무엇인가?

모범답안

정보 비대칭과 유통 구조이다.

36 사전예약 시장의 목적은 무엇인가?

모범답안

수요 기반 생산 구조 구축이다.

37 공동구매 구조의 장점은 무엇인가?

모범답안

규모 형성을 통한 시장 영향력 확대이다.

38 PB 전략의 특징은 무엇인가?

모범답안

소비 기반 상품 설계이다.

39 직영 프랜차이즈의 특징은 무엇인가?

중간 비용 제거와 참여 기반 유통이다.

40 참여 경제의 핵심은 무엇인가?

연결과 확장이다.

41 소비생산 경제 구조를 설명하시오.

소비생산 경제 구조란 소비가 먼저 발생하고 그 소비를 기반으로 생산이 이루어지는 구조를 의미한다. 기존 경제는 생산 후 소비되는 방식이었으나, KN541에서는 소비 데이터를 기반으로 수요가 먼저 형성되고 그에 따라 생산이 이루어진다. 이 구조는 재고를 최소화하고, 낭비를 줄이며, 시장의 방향을 소비자가 결정하게 만든다. 따라서 소비생산 경제는 시장 권한이 생산자에서 소비자로 이동하는 구조적 전환이다.

42 사전예약 시장의 의미를 설명하시오.

사전예약 시장은 생산 이전에 소비가 확정되는 구조로, 수요 기반 시장을 의미한다. 참여자들이 미리 구매 의사를 표현하고 이를 기반으로 생산이 이루어지기 때문에 재고 부담이 없고 효율적인 유통이 가능하다. 또한 참여 자체가 시장을 형성하는 요소가 되어, 소비와 생산이 동시에 연결되는 특징을 가진다. KN541에서 사전예약 시장은 소비 중심 구조의 핵심 시스템이다.

43 공동구매 네트워크 구조를 설명하시오.

공동구매 네트워크 구조는 개별 소비를 연결하여 하나의 집합된 수요로 만드는 구조이다. 참여자들이 네트워크를 통해 연결되면서 소비 규모가 확대되고, 이로 인해 가격 경쟁력과 유통 효율이 동시에 개선된다. 이 구조는 단순 구매를 넘어 참여와 연결을 기반으로 시장을 형성하며, 네트워크가 커질수록 영향력이 확대되는 특징을 가진다. KN541에서는 공동구매를 통해 시장 구조 자체를 변화시키는 것을 목표로 한다.

44 PB 전환 전략을 설명하시오.

PB 전환 전략은 소비 데이터를 기반으로 상품을 직접 설계하고 생산하는 전략이다. 기존에는 제조사가 시장을 주도했지만, PB 전략에서는 소비자의 요구와 참여를 기반으로 상품이 만들어진다. 이를 통해 불필요한 유통 단계를 줄이고, 소비자 맞춤형 상품을 제공할 수 있다. KN541에서 PB 전환은 소비 중심 시장으로의 전환을 실현하는 핵심 전략이다.

45 직영 프랜차이즈 구조를 설명하시오.

직영 프랜차이즈 구조는 가맹 중심이 아닌 직접 운영 기반의 유통 구조이다. 중간 가맹 비용과 구조를 제거하고, 참여자 중심으로 운영되어 효율성과 통제력을 동시에 확보할 수 있다. 이 구조는 표준화된 시스템을 통해 확장이 가능하며, 참여 기반 소비와 유통을 연결하는 역할을 한다. KN541에서는 이를 통해 기존 유통 구조의 비효율을 제거하고 새로운 유통 질서를 만든다.

46 50·40·10 분배 구조를 설명하시오.

50·40·10 분배 구조는 발생한 가치와 수익을 구조적으로 나누는 시스템이다. 참여자, 운영, 확장 및 공동체를 기준으로 합리적인 비율로 분배하여 지속 가능한 구조를 만든다. 이 구조는 특정 집단에 집중되지 않고, 참여 기반으로 공정하게 분배되도록 설계되어 있다. KN541에서는 이를 통해 참여 동기를 강화하고 장기적인 시스템 안정성을 확보한다.

47 GWC 토큰 경제의 목적을 설명하시오.

GWC 토큰 경제의 목적은 소비와 참여를 자산으로 전환하는 데 있다. 참여자가 만들어낸 가치가 단순한 소비로 끝나지 않고 토큰 형태로 축적되며, 이는 다시 경제적 가치로 연결된다. 이를 통해 참여자는 지속적으로 시스템에 기여하게 되고, 구조 전체의 활성화가 이루어진다. GWC는 참여 기반 경제를 유지하고 확장시키는 핵심 장치이다.

48 100만 유저 경제 전략을 설명하시오.

100만 유저 경제 전략은 대규모 참여 기반 네트워크를 형성하여 시장 영향력을 확보하는 전략이다. 참여자가 증가할수록 네트워크 효과가 강화되고, 이로 인해 시장 구조 자체를 변화시킬 수 있다. 이 전략은 단순 숫자 확대가 아니라 연결된 참여자 구조를 만드는 것이 핵심이며, 이를 통해 지속 가능한 확장과 영향력을 동시에 확보한다.

49 GreenT 지분 구조를 설명하시오.

GreenT 지분 구조는 참여와 기여를 기반으로 지분이 형성되는 구조이다. 기존 자본 중심 지분 구조와 달리, 참여자의 활동과 기여도가 지분에 반영된다. 이를 통해 공동체 구성원이 경제적 가치에 직접 참여할 수 있으며, 구조 전체의 성장과 개인의 이익이 연결된다. KN541에서는 이를 통해 참여 기반 경제와 공동체 경제를 동시에 구현한다.

50 전자오두막의 의미를 설명하시오.

모범답안

전자오두막은 KN541 공동체의 중심이자 상징적인 공간이다. 이곳은 교육, 참여, 연결이 시작되는 거점이며, 단순한 물리적 공간이 아니라 공동체 문화와 철학이 형성되는 장소이다. 전자오두막은 지구사랑의 실천 공간이며, KN541 시스템이 현실에서 구현되는 핵심 기반이다. 따라서 전자오두막은 공동체의 시작점이자 확장의 중심이다.

지구사랑 (Earth Care)

KN541 시스템에서
경제 활동은 단순한 이익 창출이 아니다.

경제 활동은
지구와 공동체를 함께 생각하는 방향으로
확장될 수 있다.

그래서 KN541 시스템에서는
경제 활동의 일부가
지구사랑 활동으로 연결된다.

지구사랑은

환경 보호
생태 보전
공동체 나눔

을 의미한다.

경제 활동이
지구와 공동체에 긍정적인 영향을 줄 수 있다면
그 경제는 더 의미 있는 경제가 될 수 있다.

경제는 다시 공동체로 돌아갈 수 있을까

인류 경제는 오랫동안
경쟁과 효율을 중심으로 발전해 왔다.

이 과정에서
많은 발전이 이루어졌지만
동시에 새로운 질문도 등장했다.

경제는 반드시 경쟁 중심이어야 하는가?
경제 활동은 공동체와 연결될 수 없는가?

KN541 시스템은
이 질문에 대한 하나의 시도다.

KN541은 완성된 모델이 아니다.

KN541은
사람들이 함께 만들어 가는
경제 실험이다.

많은 사람들이 참여하고
생각을 나누고
함께 실천한다면

경제는
새로운 방향으로 발전할 수 있을 것이다.

저자 감사의 글

이 책은
단순한 교재가 아니라
하나의 질문에서 시작되었습니다.

경제는 어떤 방향으로 발전해야 하는가?
공동체와 경제는 함께 갈 수 있는가?

KN541 시스템은
이 질문에 대한 작은 실험입니다.

이 교재를 통해
많은 사람들이

경제를 새로운 관점에서 바라보고
함께 생각하고
함께 실천할 수 있기를 바랍니다.

이 과정에 함께해 주신
모든 분들께 감사드립니다.

그리고
이 책을 읽는 여러분이
새로운 가능성을 발견하기를 바랍니다.

감사합니다.

저자 후기

질문에서 시작된 여정

이 책을 쓰는 동안 나는 여러 번 스스로에게 질문을 던졌다.

왜 우리는 이 경제 구조를 너무 당연하게 받아들이고 있을까?
왜 사람들은 경제의 중심에 있으면서도 경제의 주체가 되지 못할까?
왜 시장은 언제나 기업이 만들고, 사람들은 그 시장을 따라가는 구조일까?

이 질문은 단순한 호기심에서 시작된 것이 아니었다.
오랜 시간 동안 경제와 사회의 흐름을 바라보며 느꼈던 깊은 의문이었다.

세상은 놀라울 정도로 빠르게 발전하고 있다.
기술은 발전하고, 생산은 늘어나고, 세계는 거대한 네트워크로 연결되고 있다.
그러나 그 발전 속에서 사람들은 여전히 많은 질문을 안고 살아간다.

왜 이렇게 열심히 살아가는데도 삶은 점점 더 불안해지는가?
왜 경제는 성장하는데 공동체는 점점 약해지는가?
왜 우리는 풍요 속에서도 여전히 부족함을 느끼는가?

나는 이 질문의 중심에 경제 구조의 문제가 있다고 생각했다.

■ **소비는 경제의 끝이 아니다**

우리는 오랫동안 경제를 다음과 같은 구조로 이해해 왔다.

생산 → 유통 → 소비

이 구조에서는 언제나 생산이 먼저 결정되고
소비는 그 생산의 결과를 받아들이는 마지막 단계가 된다.

그러나 어느 순간 나는 이런 생각을 하게 되었다.

'정말 경제는 이렇게 작동해야 하는가?'

사람들이 무엇을 선택하는가에 따라
어떤 상품이 생산될지가 결정되고
어떤 기업이 성장할지가 결정된다.

그렇다면 소비는 단순한 마지막 단계가 아니라
경제를 움직이는 출발점이 아닐까.

이 질문에서부터 KN541의 생각이 시작되었다.

■ **KN541은 하나의 질문이다**

KN541은 완성된 답이 아니다.
KN541은 하나의 질문이다.

소비는 경제의 주체가 될 수 없는가?
사람들의 참여가 시장을 만들 수는 없는가?

공동체는 경제와 함께 성장할 수 없는가?
이 질문은 단순한 경제 질문이 아니다.
이 질문은 우리가 어떤 사회를 만들고 싶은지에 대한 질문이다.

KN541은 이 질문을 바탕으로
소비생산 구조, 참여 네트워크, 공동체 경제라는
하나의 시스템을 설계하려는 시도였다.

이 과정에서 나는 수많은 생각을 정리해야 했고
오랜 시간 동안 고민을 거듭해야 했다.

어떤 때는 방향이 분명했고
어떤 때는 스스로에게 다시 질문해야 했다.

그러나 한 가지는 분명했다.

경제는 반드시 사람을 중심으로 다시 설계되어야 한다는 것.

▪ 혼자서는 만들 수 없는 길

이 책은 한 사람의 생각만으로 만들어진 책이 아니다.

이 과정에는
함께 질문을 나누었던 사람들,
함께 고민했던 동료들,
그리고 새로운 가능성을 믿어 준 많은 사람들이 있었다.

그들의 생각과 경험, 그리고 격려가

이 책을 완성하는 데 큰 힘이 되었다.

또한 이 책을 읽게 될 독자들도
이 여정의 중요한 동반자라고 생각한다.

책은 단순히 읽는 것으로 끝나는 것이 아니라
생각을 나누고 질문을 이어갈 때
비로소 살아 있는 이야기가 되기 때문이다.

■ 문명은 작은 질문에서 시작된다

인류의 역사에서 새로운 문명은
언제나 작은 질문에서 시작되었다.

누군가는
"왜 우리는 이렇게 살아야 하는가?"라고 질문했고

누군가는
"다른 방식은 없는가?"라고 고민했다.

그리고 그 질문들이 모여
새로운 생각이 만들어지고
새로운 사회가 조금씩 모습을 드러냈다.

KN541 역시 그런 질문 중 하나라고 생각한다.

이 질문이
어떤 결과로 이어질지

지금은 누구도 확신할 수 없다.
그러나 분명한 것은
질문이 사라지면 변화도 사라진다는 사실이다.

우리가 함께 만들어 갈 이야기

이 책은 끝이 아니라 시작이다.

이 책을 통해
누군가는 경제를 다시 생각하게 될 것이고
누군가는 공동체의 의미를 다시 고민하게 될 것이며
누군가는 새로운 가능성을 상상하게 될 것이다.

그리고 그 생각들이 모이면
조금씩 새로운 길이 만들어질지도 모른다.

KN541이 어떤 모습으로 발전할지는
결국 사람들의 참여와 선택에 달려 있다.

경제는 누군가가 대신 만들어 주는 것이 아니라
사람들이 함께 만들어 가는 것이기 때문이다.

마지막으로

이 긴 여정을 함께해 준 모든 분들께
진심으로 감사의 마음을 전한다.

그리고 이 책을 읽는 여러분이
경제를 조금 다른 시각으로 바라보고

세상을 조금 더 깊이 생각하는 계기가 되기를 바란다.
KN541은 하나의 시스템이기도 하지만
동시에 하나의 질문이기도 하다.

그리고 그 질문에 대한 답은
아마도 우리 모두의 삶 속에서 조금씩 만들어질 것이다.

소비가 생산을 이끌고

참여가 시장을 만들며

공동체가 문명을 완성한다.

이 문장이
이 책의 여정을 가장 잘 설명해 주는 말이 아닐까 생각한다.

이제 그 이야기는
이 책장을 덮는 당신과 함께 이어질 것이다.